Dieter Eichhorn

Gott
als Fels, Burg und Zuflucht
Eine Untersuchung zum Gebet des Mittlers
in den Psalmen.

Europäische Hochschulschriften

Publications Universitaires Européennes
European University Papers

Reihe XXIII
Theologie

Série XXIII Series XXIII
Théologie
Theology

Bd. / vol. 4

Dieter Eichhorn

Gott
als Fels, Burg und Zuflucht
Eine Untersuchung zum Gebet des Mittlers
in den Psalmen.

Herbert Lang Bern
Peter Lang Frankfurt/M.
1972

Dieter Eichhorn

Gott
als Fels, Burg und Zuflucht

Eine Untersuchung
zum Gebet des Mittlers
in den Psalmen

Herbert Lang Bern
Peter Lang Frankfurt/M.
1972

ISBN 3 261 00236 0

Ab Manuskript des Autors gedruckt

© 1972, Verlag Herbert Lang & Cie AG, Bern (Schweiz)
Verlag Peter Lang GmbH, Frankfurt/M. (BRD)
Herstellung: fotokop wilhelm weihert, Darmstadt

Inhalt

Vorwort

Die folgende Untersuchung lag im Wintersemester 1968/69 der Theologischen Fakultät der Philipps-Universität Marburg als Dissertation vor. Sie wurde für den Druck leicht überarbeitet.

Besonders zu danken habe ich Herrn Prof. D. Dr. Ernst Würthwein, der die Beschäftigung mit den Individualpsalmen anregte. Herrn Prof. Dr. Otto Kaiser sowie Herrn Prof. Dr. Heinrich Otten danke ich für manchen Hinweis.

Herzlicher Dank gebührt meiner Frau Reinhild sowie den Marburger Freunden und Kollegen Lieselotte Keppler, Kurt Kleucker, Gerhard Pauli und Rainer Stephany für tatkräftige Unterstützung bei der formalen Gestaltung der Arbeit sowie bei der Drucklegung. Dem Verlag Peter Lang danke ich für die Aufnahme der Untersuchung in die Reihe der Europäischen Hochschulschriften.

Die Drucklegung wurde ermöglicht durch Zuschüsse des Marburger Universitätsbundes und der Evangelischen Kirche in Hessen und Nassau.

Marburg, den 25. April 1972   Dieter Eichhorn

I. EINLEITUNG

A. Forschungsübersicht

In dem Maße, in dem die historische Kritik in der Auslegung des Alten Testaments zum Zuge kam, wurde die Deutung des in der Mehrzahl der Psalmen sprechenden Ichs zum Problem. Wurde die Fragwürdigkeit oder gar Unmöglichkeit der in den Psalmenüberschriften erhaltenen Verfasserangaben[1] erkannt, so stellte sich mit großer Dringlichkeit die Frage nach den tatsächlichen Betern und den tatsächlichen Verfassern der einzelnen Psalmen.

Jeweils ausgehend von der Interpretation bestimmter Einzelzüge innerhalb der Individualpsalmen selbst, entwickelten sich im 19. und in den Anfängen des 20. Jahrhunderts im wesentlichen zwei Verstehensrichtungen, die nach manchen Vorstufen und Mischformen ihren klarsten totalisierenden Ausdruck in den Arbeiten von Smend[2] und Balla[3] fanden: die rigoros kollektivistische und die strikt individualistische.

Hatte Smend noch einmal in seinem 1888 erschienenen Aufsatz über das Ich der Psalmen prinzipiell die individuelle Deutung[4] verworfen und unter — bewußter — Nivellierung der fraglos individuellen Passagen im Zuge der von ihm erhobenen Gesamttendenz[5] ein grundsätzliches, kompromißloses, kollektives Verständnis[6] gefordert, so macht Balla mit seiner 1912 veröffentlichten Untersuchung endgültig die Auffassung des Ichs der Psalmen als eines wirklichen Individuums notwendig. Da Balla jedoch unter dem Eindruck des Zeitgeistes seine richtige Erkenntnis zu einem prinzipiell individualistischen Verständnis aller Individualpsalmen pervertiert, ist er zu einer Vergewaltigung aller Aussagen und Züge, die sich einer individualistischen Deutung widersetzen, gezwungen[7]. Die von Balla im Anschluß an Gunkel konsequent angewandte Gattungsforschung[8] wird durch Vorurteile um ihren Ertrag gebracht. Zeitbedingte — in der Psalmen- und Prophetenforschung bis heute nachwirkende — Werturteile über Frömmigkeit und

---

1 Das ל zusammen mit einem Namen in den Psalmenüberschriften muß als ל auctoris verstanden werden; vgl. die neueren Kommentare.
2 Smend, R.: Über das Ich der Psalmen, ZAW 8 (1888)
3 Balla, E.: Das Ich der Psalmen, FRLANT 16, Göttingen 1912
4 ZAW 8 (1888), S. 56
5 ZAW 8 (1888), S. 67
6 ZAW 8 (1888), S. 141f.
7 vgl. besonders: Ich der Psalmen, S. 131ff.
8 vgl. Balla, Ich der Psalmen, S. 13

Gottesdienst verhindern in unangemessener Weise die Anwendung des für die Gattung in ihrer angeblich älteren Entwicklungsstufe richtig Erkannten auf die im Psalter vorliegenden Psalmen, die nach einem sekundär an sie herangetragenen Verständnis als Zeugnisse einer "tiefere(n) Frömmigkeit", einer "Religion des Herzens, die nicht der Vermittlung des Kultus bedarf, keines Priesters, keines Opfers, ein(es) Verkehr(s) der frommen Seele mit ihrem Gott im stillen Kämmerlein" interpretiert werden müssen[9].

Dieses grundlegende Vorurteil ist zugleich die Quelle der Verlegenheiten und Unstimmigkeiten in Gunkels umfassender Beschäftigung mit den Psalmen, die — wohl ohne Widerspruch — als eine der wichtigsten Voraussetzungen gegenwärtiger Psalmenforschung bezeichnet werden darf.

Gunkel zieht einerseits aus der Beobachtung der mangelnden Konkretheit und Formelhaftigkeit der Individualpsalmen[10] den Schluß, daß die Gattungen ihren Sitz im Leben im Kult haben, ja daß sie ursprünglich gottesdienstliche Formulare waren[11], die von "Beamten" des Heiligtums abgefaßt wurden[12], das heißt, daß der mögliche Beter und der jeweilige Dichter eines Individualpsalms nicht identisch sind. Andererseits postuliert Gunkel von der Beobachtung der "wunderbaren Lebendigkeit und reichen Mannigfaltigkeit"[13] vieler Psalmen sowie besonders von einer rein individualistischen Sicht von Person und Religion aus für die Individualpsalmen eine Entwicklung weg vom Gottesdienst, einen Prozeß der Vergeistigung und Verinnerlichung[14], in dem es "die frommen Seelen" lernen, "Lieder zu singen, in denen sie von jeder äußeren Handlung (absehen), und die nicht mehr für den öffentlichen Gottesdienst bestimmt (sind)"[15]. Aus kultgebundener Dichtung wird "geistliche Dichtung"[15]. "... was sich an ... leidenschaftlichem Erguß der Klage, flehentlicher Bitte und innerlicher persönlicher Frömmigkeit findet, das ist dem Klagelied zugewachsen, als es vom Kultus und seinen auf das Allgemeine bezugnehmenden Formen und Inhalten sich frei zu machen begann"[16].

9 Balla, Ich der Psalmen, S. 15
10 Zur Formelhaftigkeit der Königslieder: Einl., S. 158f.; zur Formelhaftigkeit der KE: Einl., S. 184 (vgl. S. 189); zur Formelhaftigkeit der DE: Einl., S. 169; allgemein zu den Psalmen: Einl., S. 10f.
11 Einl., S. 177ff., S. 180, S. 260f., S. 291; vgl. S. 279; allgemein zu den Psalmen: S. 10f.; S. 18f., Israelitische Literatur (1906) S. 64f., S. 89
12 Einl., S. 267, S. 281; analog dazu nimmt Gunkel an, daß die Dichter der Königspsalmen in der Mehrzahl der Fälle unter der „Hofkapelle" zu suchen sind. Einl., S. 143f.
13 Einl., S. 183
14 Einl., S. 261ff., S. 278, S. 280; vgl. S. 282f., S. 291, S. 18, S. 28, S. 30, S. 181
15 Einl., S. 30; vgl. S. 278
16 Einl., S. 263; zum Danklied vgl. analog Einl., S. 278

Ist schon bei Gunkel selbst eine gewisse Unsicherheit bei der Durchführung seiner Entwicklungsthese feststellbar, die sich in gekünstelten Harmonisierungsversuchen äußert[17], so ist sein Schüler Mowinckel auf der Basis der von Gunkel entwickelten Gattungsforschung im Verständnis der Individualpsalmen über Gunkel hinausgegangen[18] und hat in seiner Untersuchung des Wortes אוֹן , in der er die Feinde des Individuums als Zauberer[19] erweisen möchte, sowie in späteren Arbeiten nicht nur die Gattung der KE, sondern auch die im Psalter überlieferten KE als im offiziellen israelitischen Kult entstanden gedacht. Er versteht die KE (sowie die DE) als "wirkliche Kultpsalmen"[20], die von Mitgliedern des jerusalemer Tempelpersonals[21], wahrscheinlich levitischen Tempelsängern[22] als Formulare zum gottesdienstlichen Gebrauch komponiert wurden[23]. So soll das KE den Reinigungs- und Sühneriten[24], das DE einem "Dankopferfest", das ein Einzelner im Tempel gibt[25], zugeordnet sein. Mowinckel unterscheidet zwischen dem Dichter und dem Beter eines Psalms. Das Ich ist nicht "the composer himself, but the person for whose use he has made the psalm, and who was to present it in the Temple"[26]. Dieses "redende Ich ist . . . (. . . also) im allgemeinen kein lebendiges Individuum von Fleisch und Blut, sondern ein Typus des Frommen, der in Not ist, mit den Zügen ausgestattet, die er nach dem Ideal der offiziellen Volksreligion tragen soll"[27].

Die Unterscheidung zwischen Dichter und Beter ist aus methodischen Gründen notwendig[28], sie ist jedoch nicht absolut, denn der Dichter identifiziert sich selbst mit dem Beter[29].

17 vgl. besonders Einl., S. 184, wo er die mangelnde Konkretheit der Psalmen einerseits durch die Herkunft der Gattung von kultischen Formularen, andererseits aber mit einer möglichen späteren Überarbeitung für den Gebrauch der Gemeinde erklärt. vgl. auch Einl., S. 173, wo er annimmt, daß einige KE in den Tempelgottesdienst eingedrungen sind.
18 PsSt I, S. V: "Man muß GUNKEL gegen GUNKEL ausspielen".
19 zu dieser These: PsSt I, S. 77ff.
20 PsSt I, S. 137f.; zu den DE vgl. Psalms II, S. 143; zu den Psalmen allgemein: Psalms II, S. 89
21 PsSt VI, S. 37ff.; Psalms II, S. 89; PsSt I, S. 138
22 PsSt VI, S. 38ff.; vgl. III, S. 25ff., S. 48ff.; Psalms II, S. 91
23 PsSt I, S. 138; vgl. Psalms II, S. 92
24 PsSt I, S. 137f.; vgl. Psalms II, S. 5
25 Psalms II, S. 31
26 (HUCA 23 I – 1950/51 – S. 217 =) Psalms II, S. 133
27 PsSt I, S. 138
28 vgl. Psalms II, S. 136
29 Psalms II, S. 133ff., besonders S. 136, S. 140

Da die Untersuchungen Mowinckels über Gunkel hinaus zu einem angemesseneren Verständnis der Psalmen innerhalb der Jahwereligion und des ihr zugehörigen Kultes geführt haben, sind sie – freilich mit verschiedener Intensität – zu Recht in der gegenwärtigen kritischen Forschung aufgenommen oder in modifizierter Weise fortgeführt worden.

So spricht sich Weiser in seinem Psalmenkommentar[30] entschieden gegen eine moderne individualistische Deutung des Ichs der Psalmen aus[31]. Er sieht die individuellen Klage- und Danklieder im Bundesfestkult verwurzelt[32]. "Voraussetzung" und "Ziel" der meisten Klagelieder (und damit auch die Grundlage der eng mit ihnen verbundenen Danklieder[33]) ist dabei nach Weiser "die durch die Kulttheophanie Jahwes vermittelte Begegnung mit dem gegenwärtig gedachten Gott"[34].

Trotz dieser betonten Zuordnung der individuellen Psalmen zu dem offiziellen Bundesfestkult ist eine gewisse Unsicherheit Weisers, ja sogar eine gewisse Unstimmigkeit seiner Konzeption in der konkreten Bestimmung des Verhältnisses der Individualpsalmen zum Kult nicht zu übersehen: Einerseits erklärt er die Formelhaftigkeit der individuellen Psalmen mit ihrem Ursprung und ihrer Verwendung im Kult[35], andererseits nimmt er offenbar an, daß die persönlichen Klage- und Danklieder erst sekundär als eine Art Votivgabe in den Tempelkult gelangt[36] und dort unter Umständen als Formulare zum wiederholten Gebrauch aufbewahrt worden sind[37]. Bei der grundsätzlichen Beziehung der Psalmen auf den offiziellen Bundesfestkult ist seine von Mowinckel abweichende Stellungnahme gegen die Herleitung der Individualpsalmen aus den Kreisen des Kultpersonals[38] unverständlich. Auf ihre Begründung werden wir unten einzugehen haben.

Trotz seiner grundsätzlichen Animosität gegen ein umfassendes Kultgeschehen als Erklärungsprinzip der Psalmen[39] und seiner energischen Forderung nach einer minutiösen formkritischen Betrachtung[40] wertet Kraus die Modifikation der Gunkelschen Arbeiten in Mowinckels Offersang og

---

30 seit der 3. Auflage (1950); im folgenden angeführt nach der 6. Auflage 1963
31 Psalmen, S. 49 (zum Klagelied); vgl. S. 58 (zum Danklied)
32 Psalmen, S. 48, S. 57
33 zur engen Verbindung von Klagelied und Danklied des Einzelnen: Psalmen, S. 57; vgl. S. 47
34 Psalmen, S. 49
35 Psalmen, S. 46
36 Psalmen, S. 48; vgl. S. 54, S. 58
37 Psalmen, S. 47
38 Psalmen, S. 55, S. 58
39 Psalmen, S. XXXIXff. (z.B. gegen Weiser); vgl. S. LVI
40 Psalmen, S. LVI

sangoffer (jetzt: The Psalms in Israel's Worship) als "beachtenswerte(n) Diskussionsbeitrag"[41]. Auch er nimmt an, daß die Individualpsalmen (Klage-, Dank- und Vertrauenslieder) "zumeist im Heiligtum ihren durchaus kultischen 'Sitz im Leben' haben[42]. Sie sind "angestimmt vor dem d e u s p r a e s e n s der heiligen Stätte"[43]. Kraus nimmt — ähnlich wie Weiser — an, daß auch die nicht am Heiligtum selbst entstandenen Lieder "in den Bereich des Heiligtums gebracht (wurden) und . . . erst dort ihren entscheidenden Vortrag, ihren Gebrauch als Formular[44] und ihre Traditionsgeschichte erlebt" haben[45]. Stärker als Weiser rechnet Kraus offensichtlich damit, daß auch Individualpsalmen von Mitgliedern des Tempelpersonals gedichtet und "als agendarische Formulare dem in Gebetsäußerungen unmündigen Frommen nahegebracht wurden"[46]. Daneben denkt er weiterhin an beliebige Israeliten als Dichter von im Psalter erhaltenen Individualpsalmen[47]. Diese Dichtung beliebiger Israeliten will er jedoch nicht als Privatdichtung mißverstanden wissen[48]. Sie "sind vielmehr dem im Gottesdienst überlieferten konventionellen Sprach- und Formulierungsgebrauch entsprungen; sie sind . . . nicht denkbar ohne das vorgegebene Leben und Handeln der Kultgemeinde"[49]. Er nimmt wie Weiser an, daß auch diese von Privatleuten gedichteten Lieder im Laufe der Zeit "in den Kultbereich eingebracht" und "im Heiligtum deponiert"[49] wurden. Die Erkenntnis, daß es schwerlich möglich ist, "eine Grenze zwischen den in den Kultus eingebrachten und den im Heiligtumsbereich entstandenen Liedern zu ziehen"[50], zwingt Kraus — im Interesse der Aufrechterhaltung der These von der Autorschaft beliebiger Israeliten — zu der grotesken Hypothese, daß die in den Tempel von beliebigen Israeliten eingebrachten Psalmen nicht "sogleich in das Tempelarchiv eingelegt wurden, sondern 'ausgehängt' und zu lebendigem Nachsprechen empfohlen wurden"[51].

41 Psalmen, S. XXXIX
42 Psalmen, S. XLVIII
43 Psalmen, S. XLVIII
44 zu den verschiedenen Kasus: Psalmen, S. XLVIIIff.
45 Psalmen, S. LXI
46 Psalmen, S. LXI
47 Psalmen, S. LXI
48 Psalmen, S. LXI; vgl. S. LXXIV
49 Psalmen, S. LXI
50 Psalmen, S. LXIf.
51 Psalmen, S. LXII; diese Interpretation geht völlig an dem Ausbildungs- und Bildungsniveau eines normalen Israeliten vorbei. Sie ist jedoch ein schöner Beleg für die Unsicherheit und Verlegenheit, in die jede Interpretation der Individualpsalmen gerät, die einerseits die kultische Verwurzelung dieser Psalmen erkennt, andererseits aber an der Identität von Autor und erstem Beter, die als Laien gedacht werden, festhalten will.

Bewußter als die bisher Genannten setzt sich Wevers in seiner Untersuchung der KE im Anschluß an Mowinckel für ein grundsätzliches kultisches Verständnis dieser Psalmen ein. Sie waren "part of the cultic materials of ancient Israel"[52]. Sie sind nicht für eine kontingente Gelegenheit, sondern für eine typische geschaffen[53]. Als "rituals composed for cultic use" waren sie "general formulae which could be used on various occasions"[54] wie sie als solche Formulare an jedem Heiligtum zur Hand waren[55].

Zuletzt hat Würthwein in seiner speziellen Untersuchung des Ichs der Psalmen[55a] die Erkenntnisse Mowinckels über die Zuordnung der Psalmen zum israelischen Kult für die Erklärung der Individualpsalmen fruchtbar gemacht. Er kommt zu dem Ergebnis, daß die Individualpsalmen auf keinen Fall kontingente Gebete privater Israeliten sind, sondern eher 'Anleitung zum Gebet', das heißt Gebetsvorlagen im Sinne unserer Agenden oder Gebetbücher, die zum gottesdienstlichen Gebrauch für die verschiedenen Casus von berufsmäßigen 'Dichtern', die unter dem Tempelpersonal zu suchen sind, abgefaßt wurden. In der Interpretation der Individualpsalmen ist deshalb nach Würthwein zu unterscheiden zwischen dem in den Psalmen vorausgesetzten Beter und dem Verfasser des Psalms. Die Aussagen, die in den Individualpsalmen dem Ich in den Mund gelegt sind, sind nicht Ausdruck seines persönlichen Selbstverständnisses. Sie sind vielmehr kerygmatische Aussagen, die eher das Selbstverständnis des Verfassers und seines Kreises beleuchten.

Neben dieser bisher skizzierten Entwicklungslinie kritischer Psalmenforschung, die eine individuelle Deutung des Ichs der Psalmen grundsätzlich auf jeden beliebigen Israeliten vertritt[56], gehen Versuche einher, das redende Ich — unter Beibehaltung des individuellen Verständnisses — präziser zu bestimmen. Neben den unhaltbaren Bemühungen von Duhm (die Ps 3, 4, 11, 62 stammen von makkabäischen Hohenpriestern[57], Ps 23 von einem Mann wie dem Hohenpriester Simon II. oder Onias III.[58], Ps 27,

---

52 VT 6 (1956), S. 87
53 VT 6 (1956), S. 87
54 VT 6 (1956), S. 90
55 VT 6 (1956), S. 88
55a bisher unveröffentlicht
56 Ob die von Gunkel hin und wieder erwogene Deutung auf einen Führer der Konventikelfrommen noch darunterfällt, kann natürlich gefragt werden.
57 Psalmen, S. XXI
58 Psalmen, S. 100

1–6 von einem Hohenpriester wie Jonathan, Simon, Johannes Hyrkanus[59], Ps 42/43 wahrscheinlich von Onias III.[60], Ps 60, 8–12 von Johannes Hyrkanus[61] usw.), Buttenwieser (Ps 23, 39, 73, 139 vom Verfasser des "Hiob-Dramas"[62]) und Bonkamp (Ps 19, 20, 21, 27–31 u.a. von Hilkia 2. Kö 22; Ps 18 von Josia[63] usw.), auf die hier nicht näher eingegangen werden muß[64], ist vor allem Birkeland zu nennen, der in seinen beiden den Feinden des Individuums in den Psalmen gewidmeten Monographien – selbst auf dem Boden der kultischen Deutung der Psalmen stehend[65] – das Berechtigte der kollektiven (und der halbkollektiven) Deutung des Ichs mit der Gattungsforschung Gunkels, das heißt einem prinzipiell individuellen Verständnis des Ichs kombinieren will[66]. Gestützt auf seine prinzipielle Interpretation der Feinde des Individuums als nationale Feinde[67] und die Erkenntnis, daß eine ganze Reihe der in den Individualpsalmen begegnenden Vorstellungen und Aussagen schwerlich im Munde eines beliebigen Israeliten denkbar sind[68], bestimmt er in seinem Buch "Die Feinde des Individuums in der israelitischen Psalmenliteratur" die Mehrzahl der Individualpsalmen als nationale Psalmen, deren Beter ein König oder ein Heerführer ist[69]. Durch die Einführung des die bisherige Gattungsforschung relativierenden Deutungsprinzips des "social pattern"[70] verschafft sich Birkeland in der Arbeit "The Evildoors in the book of Psalms" dann die Möglichkeit, sämtliche Individualpsalmen – und sei es im einzelnen noch so gewollt[71] – national zu deuten, das heißt die Feinde grundsätzlich als

59 Psalmen, S. 113
60 Psalmen, S. 181
61 Psalmen, S. 239
62 zitiert nach Stamm in ThR 23 (1955), S. 51 (das Original war mir leider nicht zugänglich)
63 zitiert nach Stamm in ThR 23 (1955), S. 51 (das Original war mir leider nicht zugänglich)
64 Sie haben im vergangenen Jahrhundert ihre Vorgänger in Hitzig und Ewald, die zum Beispiel Ps 31 dem Jeremia zuschrieben.
65 Feinde, S. 333ff., Evildoers, S. 25, S. 69
66 Dieser Versuch hat in gewisser Weise seinen Vorläufer in de Wettes Deutung der Feinde auf die Heiden bei individuellem Verständnis des Ichs. Beytrag z. Char. d. Hebraismus, S. 241ff.
67 Feinde, S. 87ff., S. 345; vgl. Evildoers, S. 45f., S. 58f., S. 65, S. 73, S. 93f.
68 z.B. Inkubation im Tempel (Feinde, S. 336); Orakelempfang (Feinde, S. 337); zu anderen Einzelbelegen (z.B. den Selbstbelegungen des Beters und den speziellen Gottesbezeichnungen): Feinde, S. 122ff.
69 Feinde, S. 321; vgl. Feinde, S. 115f.
70 Evildoers, S. 26ff.
71 vgl. z.B. zu Ps 141 (Evildoers, S. 41ff.)

Ausländer und die Beter grundsätzlich als Könige oder Heerführer zu bestimmen[72].

Untrennbar damit verbunden ist notwendigerweise die Leugnung jeder direkten Beziehung zwischen Psalmen und prophetischer Religion in ihrer aktuellen Form ("in its revolutionary stage")[73] und die Charakterisierung der Religion der Psalmen als "the extreme, frequently fanatical, nationalistic line" der israelitischen Religion[74].

Birkeland glaubt, durch seine Untersuchungen "der kollektiven Deutung ein s c h ö n e s G r a b m a l errichtet zu haben". "Ein G r a b m a l" sei es, "weil die Deutung selbst als verfehlt anzusehen ist, aber s c h ö n ist dieses Grabmal, weil die erwähnte Methode so viele richtige Schlußfolgerungen gezogen hat, die früher nicht von den Individualisten genügend berücksichtigt worden sind, denen wir aber zu ihrem Rechte verholfen zu haben glauben"[75].

Nachdem Mowinckel zunächst durch seine Vermutung, daß in einer Reihe von Individualpsalmen vielleicht der König oder ein Heerführer bete[76], einen gewissen Anlaß zu den Untersuchungen Birkelands gegeben hatte, versteht er nun unter dem Einfluß Birkelands einen erheblichen Teil der individuellen Klagelieder als nationale Klagelieder in Ich-Form[77]. Kriterien eines nationalen Psalms in Ich-Form sind nach Mowinckel zum Beispiel die Bitte um Jahwes Einschreiten gegen die Völker oder die Nationen, die Betonung der Macht Jahwes als Herrn und Richters der Erde und der Völker, die Bezeichnung Jahwes als Gott Jakobs oder Israels, die weitreichenden Konsequenzen der Rettung des Beters sowie die Charakterisierung der Beziehung des Beters zu Jahwe durch Aussagen, die nicht auf das Verhältnis des gemeinen Mannes zu Jahwe angewandt werden können, die vielmehr das enge Verhältnis zwischen König und nationalem Gott auszeichnen[78]. Mowinckel sieht den Unterschied zwischen den nationalen Psalmen in Wir-Form und den nationalen Psalmen in Ich-Form in der starken Betonung des persönlichen Ergehens des Repräsentanten[79]. "In

---

72 Evildoers, S. 93; zu den einzelnen Psalmengruppen vgl. Evildoers, S. 31ff., S. 33ff., S. 40ff.
73 Evildoers, S. 60; vgl. S. 65, S. 93f.; es ist interessant zu sehen, welche Verlegenheit Ps 50 Birkeland bereitet (Evildoers, S. 63ff.)
74 Evildoers, S. 57; vgl. Evildoers, S. 65, S. 93
75 Feinde, S. 344
76 PsSt VI, S. 74f., Religion und Kultus, S. 119
77 Psalms I, S. 246; vgl. zur Argumentation Psalms I, S. 225ff.
78 Psalms I, S. 226
79 Psalms I, S. 235f.

16

short, the characteristic feature of the public I-psalms as distinguished from we-psalms is the o r i e n t a l K i n g - E g o - s t y l e , so well known from the old royal inscriptions with their royal I-form: the cause of people and state is locked upon as the personal — so to speak private — cause of the king himself; the whole picture is dominated by the king, so as to make him overshadow the totality he is representing"[80].

Obwohl er annimmt, daß in den nationalen Psalmen in Ich-Form reale historische Situationen vorausgesetzt werden, und daß diese Psalmen teilweise fern vom Tempel rezitiert wurden, weist er betont ihre nichtkultische Interpretation zurück[81].

Birkelands — von Mowinckel teilweise aufgenommenes — Verständnis des Ichs der Psalmen findet eine charakteristisch modifizierte Parallele in den Arbeiten der sogenannten Uppsala-Schule[82]. Das Ich der Psalmen in der ursprünglichen Form ist der den sterbenden und auferstehenden Gott im Kultdrama repräsentierende König[83]. Dabei wird dem in den Psalmenüberschriften häufigen Terminus לדוד eine erhebliche Beweislast aufgebürdet[84].

Jedoch glauben auch die Vertreter dieser Forschungsrichtung nicht, daß die Psalmen in ihrer vorliegenden Form die Originaltexte des vorausgesetzten kultischen Dramas sind. Sie repräsentieren das ehemalige — gemeinorientalische — Grundschema in einem Stadium der Desintegration und Demokratisierung. Unentschieden zwischen der Interpretation Birkelands (und Mowinckels) auf der einen und der Auffassung der Uppsala-Schule auf der anderen Seite bewegt sich Bentzen in vorsichtigen Schwankungen. Bentzen geht, nachdem er eine ursprüngliche Zugehörigkeit eines großen Teils der Psalmen (oder vielleicht aller Psalmen) zum Königsritual lediglich erwogen hat[85], in seiner Erklärung faktisch von diesem Tatbestand aus[86]. So weist er zum Beispiel die Psalmen, die von dem "leidenden Gerechten" handeln, formal dem Zusammenhang des Königsrituals zu[87]. Direkt als Königspsalmen versteht er Ps 22, 27, 28, wahrscheinlich Ps 42/43, 52, 54,

---

80 Psalms I, S. 236
81 Psalms I, S. 241f.
82 vgl. vor allem die (im Literaturverzeichnis angeführten) Arbeiten von Engnell
83 Svenskt Bibliskt Uppslagsverk, Sp. 815f., Studia Orientalia 1953 (Pedersen-Festschrift), S. 87f.
84 vgl. besonders Ahlström, Psalm 89, S. 163ff.
85 Messias–Moses redivivus, S. 8f.; vgl. S. 20; vgl. Introduction, S. 147f.
86 M.–Moses redivivus, S. 20ff.
87 M.–Moses redivivus, S. 8, S. 20 (dort z.B. die Psalmen 3, 11, 12, 13, 14)

55, 57, 58, 59. Diese Psalmen, die er in ihren Vorstellungen "vom kultischen, rituellen Kampf des göttlichen Königs geprägt" sieht[88], versucht er – freilich ohne sich eindeutig zu entscheiden – bestimmten Teilen des vermuteten Königsrituals zuzuordnen. Die "Klagepsalmen des Königs", zu denen die oben erwähnten Psalmen, die "von dem 'leidenden Gerechten' handeln", gerechnet werden, sollen "als Begleitmelodie zum Kampfe selbst verstanden werden"[89]. Offenbar wird eine Zugehörigkeit anderer Psalmen[90] zum Krönungsritual vorausgesetzt[91].

Die Aussagen dieser Psalmen, zum Beispiel "der Kampf und die Nöte des Königs, die hier geschildert werden, ... (sind) nicht politisch-historisch, sondern kultisch-rituell" zu verstehen[92]. Daneben rechnet Bentzen mit Königspsalmen, die eine politisch-historische Situation voraussetzen[93].

Alle bisher skizzierten Bemühungen, die Person des Beters (sei es im kontingenten oder im typischen Sinn) näher zu bestimmen, laufen trotz aller Unterschiede im einzelnen darauf hinaus, den Beter als eine institutionell hervorragende Person zu verstehen. In eine andere Richtung weisen die Versuche von Schmidt[94] und Delekat[95]. Sie werten die Aussagen der Texte selbst, die eine konkrete Bestimmung der Person des Beters nahelegen, nicht zu einer Näherbestimmung der Person des Beters im institutionellen Sinn (König, Hoherpriester usw.) aus, sondern zur Erfassung einer speziellen Situation, in der sich der Beter, der dann ein beliebiger Israelit sein kann, befindet.

Schmidt schlägt vor, eine erhebliche Auswahl von Individualpsalmen als Gebete eines Angeklagten zu verstehen, der sich vor einem Gottesgericht in

88 M.–Moses redivivus, S. 8
89 M.–Moses redivivus, S. 20
90 eine nicht genannte Auswahl der – wie oben berichtet – als Königspsalmen bezeichneten Psalmen (z.B. Ps 22, 27, 28, 42/43, usw.); bei der unbestimmten, ängstlich tastenden, vermutenden und abwägenden Ausdrucksweise Bentzens kann der Berichterstatter natürlich auch nur mit "Annäherungswerten" arbeiten.
91 M.–Moses redivivus, S. 20
92 M.–Moses redivivus, S. 7
93 An dieser Stelle muß erwähnt werden, daß Johnson in seiner Untersuchung über das sakrale Königtum im AT nur die zweifelsfrei als Königspsalmen zu bestimmenden Texte in seiner Argumentation verwertet. Er unterscheidet sich damit deutlich von den soeben skizzierten Anschauungen skandinavischer Forscher und braucht deshalb in unserem Zusammenhang nicht eigens angeführt zu werden.
94 H. Schmidt, Das Gebet des Angeklagten im Alten Testament, BZAW 49, 1928
95 L. Delekat, Asylie und Schutzorakel am Zionheiligtum, 1967

Untersuchungshaft befindet[96]. Innerhalb dieser Gebete der Angeklagten unterscheidet Schmidt zwei Gruppen:

1. Die eine Gruppe betont die "Unschuld und Makellosigkeit des Betenden". Sie entspricht den von Gunkel als "Unschuldspsalmen" gezeichneten Gebeten[97].

2. Die zweite Gruppe setzt eine Krankheit des Beters voraus. Er streitet deshalb seine Schuld nicht grundsätzlich ab, er wehrt sich nur dagegen, daß seine Krankheit mit einer ganz bestimmten Tat, der Materie der gegenwärtigen Anklage, in Beziehung gesetzt wird[98].

Delekat[99] würdigt die Arbeit von Schmidt als den bisher einzigen Versuch, "die individuellen Feindklagepsalmen im wesentlichen ohne Zuhilfenahme der Krankheitshypothese als Gebete von Privatleuten zu interpretieren". Mit der "Annahme, daß der Beter den Schutz durch ein Mittel der sakralen Rechtsfindung erhalten haben muß, nicht durch ein direktes richterliches Eingreifen Gottes", sei Schmidt auf dem richtigen Weg[100].

Delekat bezweifelt jedoch, daß sich "die Schutzbitte"[101] aus der "Situation des Untersuchungshäftlings, der zum Eid oder Orakel in den Tempel geführt wird", verstehen läßt[102].

Bei ihm wird dafür die Asylfunktion des Heiligtums, speziell des Zionsheiligtums[103], zum umfassenden Deutungsprinzip der individuellen Klagelie-

---

96 Gebet des Angeklagten, S. 7f.; Schmidt rechnet im einzelnen zu dieser Psalmengruppe: Ps 7; 26; 27,7−14; 57 (Gebet des Angeklagten, S. 9); Ps 3; 4; 5; 27,1−7 (Gebet des Angeklagten, S. 23ff.); Ps 11; 13; 54; 55,1−19; 56; 59; 94,16−23; 140 (Gebet des Angeklagten, S. 29); Ps 31,10−25; 38; 35; 41; 69 (Gebet des Angeklagten, S. 30ff.); Ps 25; 28; 86; 102 (Gebet des Angeklagten, S. 30ff.); Ps 109 (Gebet des Angeklagten, S. 40ff.); Ps 42/43, (Gebet des Angeklagten, S. 45f.); vgl. auch die Zusammenstellung in Schmidt, Psalmen, S. VI. Er erwägt, daß die Entscheidung am Morgen des Thronbesteigungsfestes stattgefunden hat: S. 29,2.
97 Gebet des Angeklagten, S. 46; zu dieser Gruppe sind zu rechnen: Ps 3; 4; 5; 7; 11; 13; 17; 26; 27; 31,1−9; 54; 55,1−19; 56; 57; 59; 94,16−23; 140; 142. Zur Charakterisierung dieser Psalmen vgl. Gebet des Angeklagten, S. 30.
98 Gebet des Angeklagten, S. 46; die hierzu zu rechnenden Psalmen sind: Ps 25; 28; 31,10−25; 35; 38; 41; 42f.; 69; 86; 102; 109.
99 Asylie, S. 7
100 Delekat, Asylie, S. 7f.
101 Die Stellenangaben: Asylie, S. 8, Anm. 3
102 Asylie, S. 8
103 Asylie, S. 261; im Anhang (S. 384) äußert sich Delekat ohne Angaben konkreter Gründe vorsichtiger über die "jerusalemer Herkunft . . . der meisten Gedichte der älteren Sammlungen".

der[104]. Er versucht, die einzelnen Psalmen genau rekonstruierbaren[105] Situationen oder Stadien der Asylgewährung, Asylverlängerung, Salbung eines Asylschützlings durch einen Priester oder König, Aufnahme in Hierodulie usw. zuzuordnen[106]. Mit dem ungebrochenen Enthusiasmus eines Amateurkriminalisten "gelingt" es ihm sogar, die Gründe der Asylflucht der einzelnen Psalmbeter aufzuspüren[107]. Die Hauptgründe zur Asylflucht waren nach seiner Auskunft "Geld-Schulden"[108]. Die meisten Flüchtlinge waren "Lohnarbeiter ohne eigenen Landbesitz, Hörige (עניים)"[109]. "Daneben gab es unter ihnen auch selbständige Bauern, die in Schwierigkeiten gekommen waren (56)"[110]. Als Sprecher in Ps 65 entdeckt Delekat "eine Gruppe von streikenden Pächtern oder Landarbeitern im Asyl"[110]. Nicht zu überbieten ist – um ein Beispiel zu nennen – sein Vorstellungsvermögen in der Rekonstruktion von Voraussetzung und Situation des Ps 9/10. Nach erheblichen Eingriffen in den MT[111] wird der Psalm von dem in der altfranzösischen Komödie "Maistre Pierre Pathelin" und Christopher Frys "Venus im Licht" verwendeten Motivs des "Selbsthilfe-Diebstahls"[112], das von Delekat geradezu als eine soziale Institution bis in die jüngste Zeit hinein postuliert wird, gedeutet[113]. So ist der עני in Ps 10, 2 ein Mann, der seinen Arbeitgeber mit dessen Billigung bis zu dem Zeitpunkt der Anklage bestohlen hat. Da der besitzlose Arbeiter als unschuldig erklärt wird, bewegt sich nach Delekat "10, 7–10 hart an der Grenze der Rechtfertigung des 'Selbsthilfe-Diebstahls' "[113]. Da jedoch ein geringfügiger Diebstahl zu einem Todesurteil (10,9) nicht ausreicht, muß das Bild durch die Hypothese eines Falscheides (Leugnung des Diebstahls vor Zeugen) ergänzt werden[114].

104 Asylie passim
105 In Wirklichkeit aber nur von Delekats Interpretation der Serapeumspapyri aus erschlossen.
106 siehe im einzelnen zu den jeweils untersuchten Psalmen.
107 Auf die Bedeutung willkürlicher textkritischer Operationen in der abenteuerlichen Beweisführung Delekats gehe ich jeweils in der Untersuchung der einzelnen Psalmen ein.
108 Asylie, S. 261
109 Asylie, S. 261
110 Asylie, S. 261
111 Asylie, S. 104ff.
112 Delekat meint damit die Tatsache, daß ein Arbeitnehmer zur Aufbesserung seines Lohnes oder zur Ersetzung ausgebliebenen Lohnes seinen Arbeitgeber mit dessen stillschweigender Billigung ständig bestiehlt.
113 Asylie, S. 110f.
114 Asylie, S. 111ff.

Trotz aller gebotenen Skepsis und ironischen Reserve gegenüber den phantastischen Verstiegenheiten der Arbeit Delekats, für die die angeführten Beispiele typisch sind, muß jede Untersuchung der individuellen Feindpsalmen drei Thesen Delekats prüfend berücksichtigen:

1. "Alle Feindpsalmen, Klagegebete wie Erhörungsbekenntnisse, sind echte, aktuelle, nur eben dichterisch gestaltete Gebete"[115].

2. Dennoch sind alle Feindpsalmen einer umfassenden Situation, die in allen ihren konkreten Ausformungen durch die Asylfunktion des Heiligtums geprägt ist, zuzuordnen[116].

3. Alle Klagepsalmen gehören "zu kultischen Vorgängen ausserhalb des pflichtmäßigen Kultus"[117]. Die Verbindung zum Tempel wurde mit fortschreitender Zeit nicht schwächer (wie Gunkel annahm), sondern stärker. "Ursprünglich waren . . . (die Klagepsalmen) spontane Äußerungen religiöser Wünsche und Gefühle"[118]. Mit der Zeit wurden sie "immer stärker eigentlich kultischen Bedürfnissen dienstbar"[118]. Sie wurden, "jetzt meist auf Stelen, Weihegaben"[118]. "Jedenfalls soweit sie in die Klagegebetssammlungen aufgenommen wurden, sind sie echte, nicht fiktive 'Epigramme'"[119].

Die vorangeschickte Übersicht zeigt, daß auch nach dem emphatischen Eintreten Ballas und Gunkels für eine individuelle Deutung des Ichs der Psalmen, die Frage nach Beter und Situation der Individualpsalmen nichts an Aktualität eingebüßt hat. Die Auskunft Gunkels und Ballas, daß die Dichter und Beter[120] der Individualpsalmen israelitische "Privatleute", "Laien" sind, wird dem Textbefund nicht gerecht und ist notwendig Anlaß zu Kritik und intensiver Untersuchung.

Gunkel selbst hat als Exeget bei seinem Einfühlungsvermögen und seinem Respekt vor den Aussagen der Texte die Schwierigkeit einer nivellierenden individualistischen Deutung, wie sie sich aus der herrschenden Ideologie seiner Zeit ergab, durchaus empfunden. Das wird vor allem an zwei Punkten deutlich:

---

115 Asylie, S. 23; die einzige Ausnahme sei Ps 6, "eine Gebetsnachdichtung". ("Der Dichter wird, nachdem er erhört war, das Bedürfnis empfunden haben, die Klage in geeigneter Form nachzuholen".) S. 23
116 Asylie passim
117 Asylie, S. 43
118 Asylie, S. 24
119 Asylie, S. 24; der Ansatzpunkt einer "rein literarischen Gebetsdichtung", der nach Auffassung Delekats mit Ps 6,2–8 gegeben war, habe zumindest auf die in die Klagegebetssammlungen aufgenommenen Psalmen keinen Einfluß gehabt.
120 die für sie (mit Ausnahme eines Teils der Königspsalmen) identisch sind.

1. Er sieht das Problem, daß die Individualpsalmen vielfach "Sätze enthalten, die sich eigentlich nur im Munde von Königen verstehen lassen"[121].

2. Er hält die Bestimmung der Beter der Individualpsalmen als normale Laien, als Privatleute selbst nicht durch. Er sieht, daß der Dichter (und Beter) zu einem bestimmten Kreis gehört, der an dem Ergehen des Beters existentiell interessiert ist, dessen "Augen mit besonderer Teilnahme auf sein Geschick gerichtet sind"[122].

In seinem Kommentar kennzeichnet er gelegentlich den Beter eines Individualpsalms als eine Person, die "im Kreise der Frommen eine hervorragende Stellung eingenommen" hat und die "mit hohem Selbstbewußtsein von sich redet"[123].

Diese bei Gunkel unausgeglichen im Rahmen seines Gesamtentwurfes stehenden exegetischen Beobachtungen wurden bei Forschern, die auf der Grundlage seiner Gattungsforschung stehen, ihrerseits Ausgangspunkt generalisierender Interpretationen, die geeignet sind, Erkenntnisse, die für eine ganze Anzahl von Einzelfällen zutreffen, durch schematische Verallgemeinerung zu diskreditieren. Dies trifft — bei allen charakteristischen Unterschieden, die wir oben dargestellt haben — vor allem für die Arbeiten Birkelands, die Auffassung der "nationalen Psalmen in Ich-Form" in Mowinckels 'Psalms in Israel's worship' sowie für die Hypothesen der sogenannten Uppsala-Schule zu. Die gleiche ungute Verallgemeinerung trübt den Wert der Arbeiten von Schmidt und Delekat, die die Besonderheit des sich in vielen Psalmen aussprechenden Selbstbewußtseins aus der besonderen Situation der Beter erklären wollen. Beide beeinträchtigen richtige Einzelerkenntnisse dadurch, daß sie sie zu einem umfassenden Deutungsprinzip erheben.

B. Methode und Ziel der vorliegenden Untersuchung

Gegenüber allen diesen Versuchen, die Frage nach einer speziellen Bestimmung der Person und der Situation der Beter generell zu beantworten, gilt die Warnung von Rads, daß hier "jede Verallgemeinerung und Nivellierung auf eine allgemeine normale Meinung hin eine falsch angebrachte Wissenschaftlichkeit" ist[124].

121 Einl., S. 147; die Aufstellung der entsprechenden Wendungen siehe auf S. 147f.
122 Einl., S. 184; vgl. auch Balla, Ich der Psalmen, S. 33ff.
123 Psalmen, S. 16 (zu Ps 4); vgl. auch S. 296 (zu Ps 69)
124 Gerechtigkeit und Leben, S. 246

Diese Einschränkung bedeutet nicht, daß sich die folgende Untersuchung dem Problem verschließt, dem sich die oben kritisierten Arbeiten stellen. Im Gegenteil. Sie baut auf diese Arbeiten auf. Denn sie geht davon aus, daß diese Arbeiten den hinreichenden Beweis erbracht haben, daß sich in einer ganzen Anzahl von Individualpsalmen ein Selbstverständnis ausspricht, das nicht im Munde irgendeines israelitischen Laien in einer üblichen Krankheits- oder Gefahrensituation denkbar ist[125]. Das dürfte gegen die These, daß die Beter private Israeliten seien, auch in der Form, wie sie von Mowinckel in den Psalmenstudien allgemein und in Psalms in Israel's worship für einen Teil der Individualpsalmen erhoben, und wie sie zuletzt am konsequentesten von Würthwein vertreten wurde, zumindest für eine ganze Anzahl von Psalmen feststehen. Denn selbst, wenn man annimmt, daß sich in dem Selbstverständnis des Ichs das theologische Selbstverständnis des vom Beter zu unterscheidenden Verfassers und seines Kreises in kerygmatischer Form ausspricht, ist es unverständlich, daß dem Beter eine Existenzweise mit kultischen Funktionen zugeschrieben wird, die er nicht hat und nicht haben kann (vgl. zum Beispiel Ps 27,4; 63,6; 16,5f.; 142,6; vgl. Ps 36,8–10 u.a.[126]).

Diese Arbeit kann deshalb von dem Tatbestand ausgehen, daß in einer größeren Zahl von Psalmen sich ein Selbstverständnis ausspricht, das nicht als das Selbstverständnis des normalen Israeliten, auch nicht in einer idealisierten, dem einzelnen Israeliten aus Theologenhand in den Mund gelegten Form interpretiert werden kann. Sie verwirft aber die bisher vorgeschlagenen Lösungsversuche in ihrer generalisierenden Form. Sie erkennt mit Würthwein den kerygmatischen Charakter der Aussagen der Individualpsalmen. Sie stellt aber die Frage, ob die grundsätzliche Trennung zwischen dem Kreis der Beter und dem Kreis der Dichter, das heißt die konsequente Interpretation der Individualpsalmen als kultische Formulare für den Gebrauch durch Laien durchführbar ist. Sie schließt sich dankbar an die Vorarbeit an, die von Rad in seinem Aufsatz "Gerechtigkeit und Leben in der Kultsprache der Psalmen"[127] geleistet hat. Wie von Rad dort dem

---

125 Vgl. z.B. die Aufzählung der Kriterien eines nationalen Klageliedes in Ich-Form bei Mowinckel, Psalms I, S. 226. (vgl. oben S. 16) oder Birkeland, Feinde, S. 122ff., S. 336f. (vgl. oben S. 15); vgl. auch von Rad, Gerechtigkeit und Leben, S. 238ff. Es ist bezeichnend, daß manche Forscher in Einzelfällen ebenfalls zu dem Ergebnis gekommen sind, daß ein bestimmter Psalm als Königspsalm zu verstehen ist. So Kaiser, ZAW 70 (1958), S. 114; Würthwein (in der Untersuchung von Ps 73), Festschrift für Bertholet, S. 532ff.
126 vgl. dazu von Rad, Gerechtigkeit und Leben, S. 238f.; vgl. Mowinckel, PsSt VI, S. 46ff.
127 Festschrift für Bertholet, S. 418–437; Ges. Stud., S. 225–247

Gebrauch der Begriffe 'Gerechtigkeit' und 'Leben' in der Kultsprache[128] der Psalmen nachgegangen ist, ihren Horizont aufgezeigt und eine genauere Bestimmung des Kreises der Beter vorgeschlagen hat, so will diese Arbeit das Verständnis der Individualpsalmen durch die Untersuchung der verschiedenen Prädikate, mit denen Jahwe in diesen Psalmen in seiner Schutzfunktion angeredet oder bezeichnet wird, fördern. Sie versucht, den Horizont dieser Bezeichnungen zu erhellen: das heißt: sie stellt die Frage nach dem Ort dieser Bezeichnungen Jahwes und untrennbar damit verbunden die Frage nach dem Personenkreis, dessen Selbstverständnis dadurch gekennzeichnet ist, daß seine Glieder mit den untersuchten Prädikaten ihr Gottesverhältnis als durch die Schutzfunktion Jahwes existentiell bestimmt erweisen. Dadurch, daß sie – der Warnung von Rads[129] eingedenk – nicht unter dem Zwang zu vorschneller Verallgemeinerung steht, gelingt es ihr, die Frage nach Ort und Person[130] der Beter und Verfasser der Psalmen, in denen ein Individuum sein Verhältnis zu Jahwe durch den Gebrauch der untersuchten Prädikate erschließt, in der Weise zu beantworten, daß das Berechtigte der vorangegangenen – oben ausführlich skizzierten – Deutungen 'aufgehoben' ist. Die Auffassung Birkelands und Mowinckels[131], daß sich in allen oder in einem großen Teil der Individualpsalmen ein Selbstbewußtsein findet, das nicht im Munde eines beliebigen Israeliten denkbar ist, trifft für die in dieser Arbeit untersuchten Psalmen zu. Die Schlußfolgerung Birkelands und Mowinckels, daß das sprechende Ich in den betreffenden Fällen der König, Heerführer oder Hoherpriester sein müsse, gilt jedoch nicht für alle diese Psalmen, sondern nur für solche, die ganz eindeutige Angaben darüber enthalten, daß der König der Beter ist, wie zum Beispiel Ps 18 oder Ps 144,1–11.

Die Versuche Schmidts und Delekats werden insofern bestätigt, als die Beter der untersuchten Psalmen sich – zum Teil jedenfalls – in extremen Situationen wie zum Beispiel Anklage oder Gefangenschaft (vgl. Ps 142) befinden. Diese Erkenntnis führt jedoch nur dann zu einem richtigen Verständnis der untersuchten Psalmen, wenn sie den in den Arbeiten Birkelands und Mowinckels – freilich einseitig – betonten Fakten nicht ausweicht, das heißt, wenn erkannt wird, daß die Angeklagten, daß die Inhaftierten nicht beliebige Israeliten sind, sondern Angehörige eines Personen-

---

128 In der Frage der Privatdichtung stellt sich von Rad auf die Seite Mowinckels; Gerechtigkeit und Leben, S. 236
129 Siehe oben S. 22
130 im typischen, im institutionellen, nicht im kontingenten Sinn.
131 vgl. auch Bentzen, sowie die sogenannte Uppsala-Schule; siehe oben S. 15–18

kreises mit einem ganz besonderen Selbstverständnis, das sich in dem durch die untersuchten Prädikate charakterisierten Gottesverhältnis erschließt. Die Asylhypothese Delekats[132] wird als Indiz für den schon von von Rad[133] betonten Sachverhalt gewertet, daß die Beter einer ganzen Reihe von Psalmen zu dem Heiligtum in einer ganz besonderen existentiellen Beziehung stehen: daß sie Mitglieder des Kultpersonals sind. In gewisser Weise bestätigt wird die Meinung Gunkels, der in einigen Psalmen die Beter als "im Kreise der Frommen" hervorragende Personen bestimmt[134]. Denn in einigen Fällen (zum Beispiel Ps 92, Ps 94) ist sicher ein gesetzestreuer Weisheitslehrer, der sich an einen größeren Kreis wendet, der Beter.

Diese Einzelaspekte zusammenfassend können wir die Antwort, die die gestellte Frage nach Ort und Sprecher der speziellen Gottesbezeichnungen, die die Schutzfunktion Jahwes explizieren, durch die vorliegende Untersuchung erfährt, positiv so formulieren:

Die Anrede und Bezeichnung Jahwes als צור, מצודה usw. haftet an dem aus der kanaanäischen Tradition überkommenen Heiligtum von Jerusalem und hat ihren Sitz in der Offenbarung Jahwes an diesem Heiligtum, in der er sich aktuell als צור, מצודה usw. für sein Volk erweist, in der er gegen die 'Völker' einschreitet. In diesem Horizont wird Jahwe im persönlichen Gebet von dem Individuum als צור, מצודה usw. angeredet und bezeichnet, das institutionell mit der Vermittlung der Offenbarung Jahwes zu Heil und Gericht auf dem Zion betraut war.

Der Tradition des Jerusalemer Heiligtums entsprechend ist dieser 'Mittler' in erster Linie der König in seiner kultischen Funktion (Melchizedek), mit dessen persönlichem Ergehen das Heil des Volkes steht und fällt[135]. Diese Funktion des Königs entstammt zweifellos der altorientalischen Konzeption der Sacral Kingship[136]

Es ist jedoch sicher, daß dem König bei der Erfüllung seiner kultischen Aufgaben, auch bei der Vermittlung der aktuellen Theophanie Jahwes, ein differenziertes Kultpersonal zur Verfügung stand. Wenn es auch noch vereinzelt Belege dafür gibt, daß der König den Anspruch erhebt, direkt von Jahwe inspiriert worden zu sein (zum Beispiel die sogenannten 'Letzten

---

132 siehe oben S. 19ff.
133 Gerechtigkeit und Leben, S. 238ff.
134 siehe oben S. 21f.
135 Johnson, Sacral Kingship, S. 136f.
136 vgl. zu dieser Konzeption Engnell, Stud. in Div. Kingship in the Ancient Near East, 1967; Johnson, Sacral Kingship in Ancient Israel, 1955; Mowinckel, PsSt II, S. 299ff.

Worte Davids' 2.S 23,1—5 oder der Traum Salomos in Gibeon 1. Kö 3,4ff.; vgl. auch Ps 18 und Ps 144,1—11), so dürfte er sich doch in der Regel zur Vermittlung der Offenbarung Jahwes auf die dafür zuständigen Kreise des Kultpersonals, vor allem auf die wohl aus der kanaanäischen Tradition übernommenen Nebiim[137] gestützt haben.

Ein Demokratisierungsprozeß ist bei den in dieser Arbeit untersuchten Psalmen in der Weise festzustellen, daß geprägte Sprache und Vorstellungen der Gebete des Königs als des offiziellen Mittlers des Heils für sein Volk von den tatsächlichen 'Vermittlern' der Offenbarung Jahwes in der Geschichte Jerusalems als Jahweheiligtum für ihr persönliches Gebet usurpiert wurden. Dieser Prozeß wurde durch die Haltung von Propheten beschleunigt, die gestützt auf den Anspruch der alten charismatischen Traditionen der Jahwegemeinde dem König ihrer Zeit kritisch und mit konkurrierendem Anspruch entgegentraten (wie zum Beispiel Jesaja oder Jeremia[138]). Ihre für uns am deutlichsten wahrnehmbare Ausprägung erhielt diese Entwicklung in den Konfessionen des Jeremia[138 a]. Die Konfessionen Jeremias sind Teil und Höhepunkt, nicht Anfang der Entwicklung. Jeremia war "ein Spätling in der Reihe der Propheten". Er war "sich dieser geistigen Ahnenkette, in deren Deszendenz er" stand, "auch durchaus bewußt"[139]. Von Rad[140] betont, daß zur Zeit Jeremias auch für die "freie", besser: kritische[141] Prophetie eine gewisse Tradition vorauszusetzen ist, in der "nicht nur die herkömmlichen Gegenstände und Themen der prophetischen Verkündigung enthalten (waren), sondern daneben wohl auch eine mit den Generationen wachsende Last von Erfahrungen und Enttäuschungen"[140]. Jeremia übernimmt in den Konfessionen nicht erstmals die aus den Klageliedern des Königs durch Demokratisierung entstan-

---

137 zur Bezeugung des Prophetentums in der religionsgeschichtlichen Umwelt Israels vgl. R. Rendtorff, ThW VI, S. 797 und S. 801
138 zur Bedeutung z.B. der Tradition des heiligen Krieges bei Jeremia vgl. von Rad, Theologie II, S. 210f.
138azur Beurteilung der Konfessionen des Jeremia in der neueren Diskussion vgl. Kaiser, Einleitung, S. 190; Reventlow, Liturgie u. proph. Ich, S. 205ff. und Gerstenberger, JBL 82 (1963) S. 393ff.
139 v. Rad, Theologie II, S. 217; vgl. Jer 7,25; 26,5; 28,8
140 v. Rad, Theologie II, S. 217
141 Die sogenannte "freie" Prophetie unterscheidet sich von der Heilsprophetie nicht durch völlige Freiheit von der Institution, sondern entscheidend dadurch, daß sie den gegenwärtigen Zustand und das gegenwärtige Verhalten des Volkes in allen Lebensbereichen kritisch, das heißt richtend an den Traditionen mißt. Vgl. die im Literaturverzeichnis angegebenen Arbeiten von Würthwein zu Fragen der alttestamentlichen Prophetie.

dene Gattung des individuellen Klageliedes[142], sondern er tritt mit seinen Konfessionen in die geprägte Tradition einer Prophetie ein, die um das aktuelle Wort, die aktuelle Offenbarung Jahwes als צור, מצודה usw. ringt und für deren Selbstverständnis es kennzeichnend ist, daß sie im persönlichen Gebet Jahwe als צור, מצודה usw. auch dort festhält, wo sich Jahwe in der durch sie vermittelten Offenbarung als der Richtende, der Zerstörende, als צור מכשל für sein Volk erweist[143]. Die Bezeichnung Jahwes als צור, מצודה usw. ist in diesem Gebet Ausdruck eines extremen Glaubens, der in der aktuellen Offenbarung und dem Vollzug des Gerichtes am eigenen Volk das durch die Bezeichnung Jahwes als צור, מצודה usw. charakterisierte Heilshandeln Gottes bejaht. Dieses Problem tritt um so schärfer ins Licht, je mehr man bedenkt, daß das Alte Testament keinen abstrakten (liberalistischen) Begriff des Individuums kannte, sondern in dem Bewußtsein der unzertrennlichen Einheit des Einzelnen und der Gemeinschaft lebte. Der Jahwe gehorsame Mittler kann deshalb nicht in die innere Emigration gehen, sondern er muß eine klare Trennung zwischen sich (und eventuell dem Kreis, der auf die aktuelle Offenbarung Jahwes hört) und denen, die der von ihm vermittelten Offenbarung Jahwes widersprechen, markieren. Das wahre Israel reduziert sich auf einen engen Kreis, vielleicht auf den betenden Mittler allein. Das empirische Israel wird den Völkern, gegen die Jahwe einschreitet, gleich. Hier haben wir den inneren Grund dafür, daß Propheten und ähnliche kultische Mittler in die Tradition der Gebete des königlichen Mittlers eintraten: In dem Gebet des königlichen Mittlers charakterisierte die Bezeichnung Jahwes als צור, מצודה usw. seine sich in der Offenbarung auf dem Zion aktualisierende, mit dem Einschreiten gegen die Völker untrennbar verbundene Heilsfunktion für sein ganzes Volk (im empirischen Sinn), das der Mittler verkörperte[144]. In den Gebeten des prophetischen Mittlers kennzeichnet die Bezeichnung Jahwes als צור, מצודה usw. in extremer Situation das Selbstverständnis eines Beters, dessen Gehorsam gegenüber dem Gerichtswort

---

142 so die herrschende Auffassung seit Baumgartners Untersuchung: Die Klagegedichte Jeremias, 1917 (die Gattung der KE älter als Jeremia; Jeremia älter als die im Psalter erhaltenen KE).
143 Für die in dieser Arbeit berücksichtigten Psalmen (mit Ausnahme der eindeutig als Königspsalmen zu bestimmenden) trifft deshalb die These Westermanns zu, daß die Feinde nur innerisraelitische Gegner sind: "Das Gegenüber des Klagenden zu denen, die er verklagt, bleibt innerhalb der Gemeinschaft, der beide angehören." "Es ist keinesfalls das Gegenüber zweier Völker. Es fehlt jeder politische Zug." (ZAW 66, 1954, S. 65f.)
144 vgl. auch Johnson, Sacral Kingship, S. 137

Jahwes an das empirische Israel das wahre Israel beispielhaft darstellt[145], das scharf von dem empirischen Israel (das ist: den Feinden, den Völkern) abgesetzt wird.

Diese Struktur ist auch dort durchgehalten, wo an die Stelle des prophetischen Beters im aktuellen Sinne der gesetzestreue Weisheitslehrer oder der levitische Sänger des zweiten Tempels, dessen Tätigkeit in 1. Chr 25, 1–3 – sicher nicht zufällig – mit der Wurzel נבא bezeichnet wird, tritt. (Selbst in den Hodayot aus Qumran, der letzten uns faßbaren Stufe der Entwicklung, begegnen die untersuchten Gottesbezeichnungen nicht im Munde irgendeines Laien, sondern sind Ausdruck des Selbstverständnisses des Lehrers der Gerechtigkeit.)

So sicher sich die Annahme dieser Entwicklung aus der Aussage der Texte selbst ergibt, so wenig ist es jedoch möglich, die untersuchten Psalmen in einen genau datierbaren chronologischen Zusammenhang zu bringen. Da die Übernahme des Gebetes des königlichen Mittlers durch den prophetischen Mittler sowie die Transformation des Gebetes des prophetischen Mittlers im Munde des gesetzestreuen Weisen oder des nachexilischen Tempelsängers nicht als punktuell zu datierende Ereignisse, sondern eher als zähe Prozesse konkurrierenden Anspruchs zu verstehen sind, muß damit gerechnet werden, daß im Psalter überlieferte Gebete des königlichen Mittlers unter Umständen jünger sein können als manche der erhaltenen Gebete des prophetischen Mittlers. Ähnlich verhält es sich mit der Abgrenzung an den anderen Umbruchstellen. Mit einiger Sicherheit darf man jedoch als terminus ad quem für die Gebete des königlichen Mittlers die Exilierung, für die Gebete des prophetischen Mittlers die Zeit des zweiten Tempels annehmen. Höhepunkt der Entfaltung des Gebetes des prophetischen Mittlers dürfte die Zeit der großen politischen Krisen Judas, also die Zeit zwischen dem Auftreten Jesajas und dem Exil gewesen sein. Aus den Konflikten dieser Zeit ist die unüberhörbare Ausprägung, die das

145 vgl. die treffende Charakterisierung der Situation der Konfessionen Jeremias bei von Rad, Theologie II, S. 216: "dies, was hier ausgetragen wurde, war ja nicht nur die Sache des Menschen Jeremia, der hier sozusagen außerdienstlich, als Privatmann, von allgemein menschlichen Erfahrungen spricht. Diese Konfessionen entstammen überall der spezifisch prophetischen Situation Jeremias; sie setzen eine Berufung zu einem ganz besonderen Dienst voraus, ein Verhältnis besonderer Intimität zu Jahwe, und darum haben sie in höchstem Maße paradigmatische Bedeutung für ganz Israel." vgl. Gunkel, Einl., S. 185, der von der exemplarischen Bedeutung des Ergehens der Beter in den KE spricht; vgl. dort ebenfalls die richtige Bestimmung der Lage des Beters als einer Auseinandersetzung um Leben und Tod. vgl. das Verständnis des deuterojesajanischen Gottesknechtes bei Eissfeldt, Einl., S. 459

Gebet des Mittlers in den Konfessionen des Jeremia erfahren hat, zu verstehen.

Die erstaunliche Tatsache, daß das Gebet des königlichen Mittlers im Alten Testament sehr stark zurücktritt[146], erklärt sich daraus, daß die Kreise, die nach dem Untergang Judas die in Frage kommenden Psalmen tradierten, eindeutig gegen das Königtum und zugunsten der prophetischen Mittler Partei ergriffen. Ps 18 und der sehr stark davon abhängige Ps 144 verdanken ihre Aufnahme in den Psalter einer offenbar frühen davidischen Tradition des Ps 18 (vgl. auch die Stellung in 2. S 22).

C. Bemerkung zum religionsgeschichtlichen Vergleich

Zum Schluß der Einleitung muß die auffallende Abstinenz, die diese Arbeit im religionsgeschichtlichen Vergleich übt, begründet werden:

Diese Arbeit setzt als erwiesen voraus, daß eine starke Übereinstimmung in Formen und Vorstellungen besonders zwischen der Psalmenliteratur des Zweistromlandes und den israelitischen Psalmen besteht.

Die Arbeit von Widengren[147] hat das endgültig deutlich gemacht. Es muß aber bezweifelt werden, daß die Entwicklung und spezielle Ausprägung der israelitischen Psalmen mit der Entwicklung und Ausformung der Psalmen in den Kulturen des Zweistromlandes identisch sind[148].

Die vorliegende Arbeit steht dem vorschnellen Vergleich um so skeptischer gegenüber, als sie sieht, daß es bisher den sich untereinander widersprechendsten Auslegungen der israelitischen Individualpsalmen (wie zum Beispiel der Gunkels und der Birkelands) gelungen ist, die akkadischen Psalmen als Beleg gerade für ihre Thesen anzuführen. Das heißt: Diese Arbeit geht davon aus, daß für einen speziellen Vergleich noch die hinreichenden Möglichkeiten fehlen. Ein spezieller Vergleich wird erst dann vorgenommen werden können, wenn es gelungen ist, den spezifischen Horizont der jeweiligen Psalmen in dem engeren Kontext ihrer eigenen religionsgeschichtlichen Entwicklung und theologischen Tradition zu erhellen.

---

146 Für die Klage des Königs hat das bereits Westermann konstatiert: ZAW 66 (1954), S. 68f.
147 The Accadian and Hebrew Psalms of Lamentation as Religious Documents, 1936
148 vgl. die entsprechende Warnung Westermanns (gegenüber Engnell), ZAW 66 (1954), S. 66, Anm. 76

II. ERHELLUNG DES HORIZONTES[1]
DER ANREDE UND BEZEICHNUNG JAHWES
‏מעון, מעוז, מחסה, משגב, מצודה, סלע, צור‎ ALS

A. Erhellung des Horizontes der Bezeichnung Gottes als ‏צור‎ .

Zwei Gründe legen es nahe, mit der Untersuchung bei ‏צור‎ einzusetzen:

1. Der Gebrauch von ‏צור‎ als Anrede und Bezeichnung Jahwes ist im Psalter weit gestreut. In wechselnder Kombination mit den anderen zu behandelnden Prädikaten ist ‏צור‎ in den verschiedensten Gattungen, die Gunkel für individuelle Gebete angenommen hat, vertreten. Daß ‏צור‎ sowohl in – durch die gegenwärtige Forschung relativ früh datierten – Königspsalmen als auch in den in großer Übereinstimmung spät angesetzten Weisheitspsalmen zur Explikation des Selbstverständnisses eines Individuums dient, läßt darauf schließen, daß das Prädikat zum elementaren Bestand individueller israelitischer Gebetsdichtung in allen Phasen ihrer Entwicklung gehört.

2. Für die Anrede und Bezeichnung Jahwes als ‏צור‎ findet sich in den entwickelten Kulturen des Alten Orients keine direkte Entsprechung[2]. Der Nachweis von Schmidt, daß der Heilige Fels des Jerusalemer Tempelberges in der Kulttradition Jerusalems eine wichtige Rolle gespielt hat[3], läßt vermuten, daß in der Anrede und Bezeichnung Jahwes als ‏צור‎ eine spezifische jerusalemer Sakraltradition vorliegt, deren Wurzeln vermutlich in die vorisraelitische Überlieferung zurückreichen[4].

Kommt daher der Erhellung des Horizontes von ‏צור‎ eine gewisse Schlüsselstellung bei der Untersuchung der parallel oder analog gebrauchten Prädikate zu, so ist gerade hier ein sorgfältig differenzierendes methodisches Vorgehen geboten. Das heißt: wir werden zuerst den Gebrauch von ‏צור‎ als Anrede Jahwes, dann den Gebrauch von ‏צור‎ als Bezeichnung Jahwes (nach den verschiedenen Determinationsarten getrennt) und zuletzt den Gebrauch von ‏צור‎ als Charakterisierung einer Selbstaktualisierung Jahwes analysieren.

---

1 Zur Definition des in dieser Arbeit gebrauchten Begriffs von Horizont s.o. S. 24
2 Das gilt sowohl für die Wendung "Großer Berg Enlil" (vgl. Jirku, S. 224) als auch für die von Widengren (Psalms of Lamentation, S. 325) angeführten Namen: "Der Gott von Harran ist mein Berg".
3 Schmidt, Der Heilige Fels, S. 78ff.
4 vgl. Kraus, Psalmen, S. 142

1. צור als Anrede (Epiklese) Jahwes

Der Gebrauch von צור als Anrede (Epiklese) und prädikative Bezeichnung Gottes ist im Alten Testament auf Psalmen und prophetische Literatur beschränkt[5].

Als Anrede (Epiklese) begegnet צור nur im Munde von Individuen:

> *Ich will dich 'erheben'[6], Jahwe, meine Stärke[7], mein Fels (סלע), meine Burg (מצודה), mein Retter, mein Fels (צור), bei dem ich mich berge, mein Schild und Horn meines Heils[8].*
> ### Ps 18,3; vgl. 2. S 22,2f.[9]

> *Gepriesen sei Jahwe, mein Fels, der meine Hände den Kampf gelehrt, meine Finger den Krieg.*
> ### Ps 144,1

> *Zu dir, Jahwe, rufe ich, mein Fels.*
> *Wende dich nicht schweigend von mir,*
> *daß du dich nicht still verhälst mir gegenüber,*
> *und ich gleiche denen, die zur Grube hinabfahren.*
> ### Ps 28,1

> *Es sollen dir gefallen die Worte meines Mundes, und das Sinnen meines Herzens sei vor deinem Angesicht, Jahwe, mein Fels, mein Erlöser.*
> ### Ps 19,15

> *Bist du nicht von Urzeit Jahwe, mein heiliger Gott[10], der nicht stirbt[11].*
> *Jahwe hast du ihn (den Räuber) zum Gericht gesetzt, und Fels hast du ihn zum Strafen bestellt?*
> ### Ha 1,12

---

5 Wir können hier absehen von den mit צור gebildeten Namen, auf die unter II. A. 8 gesondert eingegangen wird.
6 lies statt אַרְמִמְךָ אֲרְחָמְךָ
7 יהוה unterbricht störend den Zusammenhang und ist zu streichen.
8 משׂגב erweist sich m cs als Zusatz und ist zu eliminieren.
9 In 2. Sa 22,2 fehlt ארחמך יהוהחזקי . 2. Sa 22,3 ist aufgefüllt durch den Zusatz: ומנסי משׂע מחמס תשׁעני
10 lies אלהי קדשׁי
11 lies לא תמות
12 Gunkel, Einl. § 5

In Ps 18 = 2. S 22 betet der König[12]. Nach der traditionellen Gattungsbestimmung ist Ps 28 ein individuelles Klagelied, das eine starke Beziehung zum königlichen Heiligtum in Jerusalem aufweist[13], Ps 19,8—15 ein Hymnus auf die Thora[14]. Das Klagelied Ha 1,12—17 ist Bestandteil der prophetischen Liturgie 1,2—2,4, "die nach einem auch sonst belegten Schema zweimal von der Klage zum Orakel aufsteigt"[15].

So unbestreitbar diese vier soeben untersuchten Psalmen bisher verschiedenen Gattungen zugewiesen wurden, so sicher ihre Beter verschiedenen Personenkreisen angehören, so stimmen sie doch in einem Punkt überein: Sie sind auf eine Errettung bezogen, die offensichtlich in einer Offenbarung Jahwes gründet. Ps 28,6f. setzt ebenso eine Erhörung durch Jahwe voraus, wie sie dem Ps 18 und der prophetischen Liturgie Ha 1,2—2,4 zugrunde liegt. Ebenso dürfte die Beobachtung Schmidts[16] zutreffen, der Ps 19,8—15 als "Dankgebet eines aus Not 'Erlösten' " versteht.

---

13 Verschiedentlich wird der Psalm sogar als Königspsalm bezeichnet (Bentzen, Messias, S. 20; Mowinckel, Offersang, S. 84). Kraus, Psalmen, S. 229 setzt sich mit Recht von dieser Deutung ab, sieht aber den Psalm als zum königlichen Heiligtum gehörig an (vgl. Psalmen, S. 231). Die v.8 und 9 bestimmen ihn, den Psalm der Königszeit zuzuweisen. Vgl. zu dieser Datierung auch Psalmen, S. 79; Briggs, Psalmen I, S. 137; Gunkel, Psalmen, S. 120 (Gunkel vermutet, daß der Psalm im Jerusalemer Tempel aufgeführt und dort mit dem jetzigen Schluß versehen wurde.)

14 Gunkel, Einl., § 12; Schmidt, Psalmen, S. 32 fragt, ob Ps 19,8—15 "Dankgebet eines aus Not 'Erlösten' " ist. Das Fehlen des eigentlichen Dankes läßt ihn vermuten, "daß wir hier . . . nur die nachhallende Form eines Dankgebetes des Angeklagten haben". Nach Kraus, Psalmen, S. 154 ist der Sitz im Leben von Ps 19,8—15 (im Anschluß an Neh 8) gottesdienstliche Verlesung der Thora. Für ein Hervorgehen aus kultischer Überlieferung spricht sich auch Weiser, Psalmen, S. 135f. aus. Nach Baethgen, Psalmen, S. 55 hat ein späterer das Fragment eines ihm vorliegenden Psalms durch den Preis der Thora ergänzt und für den Gottesdienst tauglich gemacht. Für die Verschiedenheit der beiden Teile von Ps 19 sind ebenfalls: Duhm, Psalmen, S. 138f.; Ewald, Psalmen, S. 32f.; Hupfeld, Psalmen, S. 319f. (dort sind die älteren Forscher aufgeführt); Gunkel, Psalmen, S. 79; Kraus, Psalmen, S. 154; Schmidt, Psalmen, S. 30ff.; Olshausen, Psalmen, S. 111f.; Weiser, Psalmen, S. 133. Für die Einheitlichkeit plädieren: Hitzig, Psalmen, S. 112ff. (dort sind die älteren Forscher aufgeführt); Delitzsch, Psalmen, S. 206f.; Schröder, ZAW 34 (1914), S. 69—70; Dürr, Sellin-Festschrift, S. 37ff.

15 Elliger, ATD 25 II, S. 25f.; ob diese Liturgie ursprünglich in der jetzigen Form aufgeführt oder ob sie später von dem Propheten oder einem anderen zusammengestellt wurde, ist für unseren Zusammenhang nicht erheblich. Für unsere Fragestellung ist wichtig, daß mit der Aufnahme in die Liturgie an der vorliegenden Stelle der Ort des Klageliedes richtig getroffen ist. Zur Herkunft von dem Kultpropheten Habakuk vgl. Eissfeldt, Einl., S. 567. Daß die dem Klagelied Ha 1,12—17 zugrundeliegende Not geistiger Art ist (Elliger, ATD 25 II, S. 35), erscheint fraglich.

16 Psalmen, S. 32

Diese Struktur, daß die Psalmen, in denen צור als Anrede Gottes gebraucht wird, auf die Offenbarung Jahwes bezogen sind, ist noch in Hodajot 11,15−18[17] durchgehalten.

Ich will dich preisen, mein Gott, ich will dich erheben mein Fels, und auf wunderbare Weise (. . .) (. . .) Denn du hast mich den Rat deiner Wahrheit wissen lassen (. . .) (und) deine (Wund)er hast du mir offenbart, und ich schaute (. . .) der Gnade. Und ich erkannte, (daß) bei dir die Gerechtigkeit ist und bei deiner Gnade (. . .) und Vernichtung ohne dein Erbarmen.[18]

Die dort gebrauchte Terminologie für die Offenbarung[19] Jahwes zeigt, daß nicht einfach ältere Formen übernommen wurden, sondern daß vielmehr eine übernommene Struktur in einem spezifischen Sinn aktualisiert wurde.

Für die Psalmen 18 und 28 ist eine Zugehörigkeit zum Kult im königlichen Tempel sicher[20]. In den kultischen Bereich des Jerusalemer Tempels gehört wohl die prophetische Liturgie Ha 1,2−2,4. Zusammenhang mit dem nachexilischen Gottesdienst muß für Ps 19,8−15 vermutet werden[21]. Ebenso wenig macht Hodajot 11,15−28 den Eindruck privater Lyrik[22]. Wir finden vielmehr den Glauben der Gemeinschaft ausgedrückt. Mit einiger Sicherheit können wir den Lehrer der Gerechtigkeit als Beter annehmen[23].

Wir fassen als vorläufiges Ergebnis zusammen:

צור als Anrede Gottes begegnet nur im Munde von Individuen in Zusammenhängen, die ohne Rücksicht auf die traditionelle Gattungsbestimmung und trotz erwiesener Zugehörigkeit zu verschiedenen Stufen der Entwicklung des judäischen und (häretisch) jüdischen Gottesdienstes da-

---

17 So die Abgrenzung von Holm-Nielsen, Hodajot, S. 189ff., die ich für die wahrscheinlichere halte. In v.29 scheint ein Neuansatz vorzuliegen. Anders Morawe, Aufbau und Abgrenzung der Loblieder von Qumran, S. 144f.

18 Übersetzung nach Lohse, Texte aus Qumran, S. 155

19 v.16 הודעתי סוד אמת v.17 גליתה לי ה[וכ]ת[ו]אל[פ]ונ]

20 s.o.S. 32

21 s.o.S. 32, Anm. 14

22 vgl. Arvedson, SEÅ 22−23 (1957−58, S. 208ff.; Holm-Nielsen, S. 195f.; vgl. Holm-Nielsen, Ich in den Hodajot, S. 223f.; vgl. Eissfeldt, Einl., S. 890; unentschieden: Morawe, S. 170

23 So die meisten Ausleger; vgl. die Übersicht bei Burrows, Mehr Klarheit über die Schriftrollen, S. 280ff. und die Aufstellung bei Jeremias, Lehrer der Gerechtigkeit, S. 168, bes. Anm. 6; vgl. jedoch die weitergehende Auffassung von Arvedson, der den Lehrer der Gerechtigkeit Subjekt in einem Kultdrama sein läßt, SEÅ 1957/58, S. 208ff.; vgl. dazu treffend Holm-Nielsen, S. 342: "The most natural thing to say about such a theory is that it touches on the fantastic."

durch charakterisiert sind, daß sie sich strukturell auf eine Errettungstat Jahwes vermittels einer Theophanie und eines Orakels beziehen. Mehrmals können wir den Beter dem Personenkreis (zum Beispiel König), nicht der kontingenten Persönlichkeit nach identifizieren:

In   a) Ps 18   der König
                 b) Ha 1,12–17   der Kultprophet[24]
                 c) 1 QH 11,15–28 der Lehrer der Gerechtigkeit

In keinem dieser Fälle ist also ein beliebiges, frommes Individuum der Beter, sondern eine in der betreffenden Kultgemeinde hervorragende, die betreffende Kultfeier entscheidend bestimmende Person. Von dieser Beobachtung aus ist der Versuch, Ps 28 und Ps 19,8–15 als individuelle Erlebnisdichtung zu verstehen, von vornherein mit Skepsis zu betrachten. Ps 28 und Ps 19,8–15 lassen sich gut einordnen in eine entwicklungsgeschichtliche Linie, die in ihrem Verlauf durch die drei von uns erhobenen Fixpunkte a), b), c) markiert ist. Ps 28 läßt sich gut verstehen als Zwischenglied[25] der von a) nach b) verlaufenden Entwicklung[26]. Ps 28 hat eine starke Affinität zum vom irdischen König bestimmten Kult[27]. Aber der König ist nicht der Beter. Läßt sich Ps 28 nicht gut denken im Munde eines Kultpropheten im königlichen Heiligtum? Läßt nicht gerade dann die "Fürbitte für Volk und 'Gesalbten' "[28] sich ungezwungen erklären?

Wie Ps 28 zwischen a) und b) anzusetzen ist, so markiert Ps 19,8–15 eine Entwicklung, die die von b) markierte Stufe hinter sich gelassen hat, und an deren einem Ende c) als typisch steht.

In Ps 19,8–15 hat die Thora eine Eigenbedeutung, wie sie nicht im Munde eines Propheten gedacht werden kann. Jedoch ist noch nichts zu spüren von einer häretischen Verengung auf den Kreis einer abgesonderten Gemeinschaft. Die Freude an Jahwes Gesetz wehrt jeder dualistischen Düsternis. Wir vermuten, daß der Beter in den Kreis der Gesetzeslehrer gehört, die Züge des Weisen aufgenommen haben.[29]

24 Elliger, ATD 25 II, S. 24
25 Zwischenglied ist hier nicht im Sinn einer strengen literarischen Entwicklung gebraucht, als ob sich Ps 28 stringent aus Ps 18 ergäbe usw. Alle diese Psalmen sind mehr oder weniger zufällig ausgewählte Punkte aus einem Entwicklungsstrom.
26 Der Begriff Entwicklung darf dabei nicht in seiner zeitlichen Dimension gepreßt werden. Es handelt sich weithin um eine gleichzeitige Auseinander- und Absetzungserscheinung.
27 s.o.S. 32
28 vgl. Gunkel, Psalmen, S. 120
29 Wir entsprechen damit der allgemein vorgenommenen Ansetzung des Psalms; vgl. die Komm.

2. צור mit Suffix der 1. Person Singular als prädikative Bezeichnung Jahwes

findet sich fünfmal im AT:

> *Jahwe lebt! Gepriesen mein Fels!*
> *Erhaben der Gott meines Heils!*
> > *Ps 18,47; vgl. 2. Sa 22,47*

> *Nur er ist mein Fels und mein Heil,*
> *meine Burg, ich wanke nicht* '[30].
> > *Ps 62,3 = 7*

> *Vergeht mir Leib und Seele,*
> *mein Fels* '[31] *und mein Teil bleibt Gott ewiglich.*
> > *Ps 73,26*

> *Noch im Alter gedeihen sie,*
> *bleiben saftig und grün,*
> *um zu künden, daß Jahwe gerecht ist,*
> *mein Fels, und ist keine Schlechtigkeit an ihm.*
> > *Ps 92,15f.*

> *Gepriesen sei Jahwe, mein Fels,*
> *der meine Hände den Kampf gelehrt*
> *und meine Finger den Krieg.*
> > *Ps 144,1*

Die naheliegende Vermutung, daß zwischen dem Gebrauch von צור als Anrede Gottes im Munde eines Individuums und der prädikativen Bezeichnung mit Suffix der 1. Person Singular eine enge Beziehung besteht, wird durch den Textbefund bestätigt. Unbestreitbar im gleichen Zusammenhang steht der doppelte Gebrauch von צורי in Ps 18 = 2. Sa 22. Die vier anderen Zusammenhänge, in denen צורי prädikativ gebraucht wird, stimmen mit den Psalmen, in denen צורי als Anrede Gottes von einem individuellen Beter gebraucht wird in ihrer Struktur insofern überein, als sie auf ein rettendes Eingreifen Jahwes (wohl vermittels eines Orakels oder einer anderen Form der Theophanie) bezogen sind. In allen vier Fällen sind die Beter nicht reine Privatleute. Sie haben einen gewissen öffentlichen Auftrag: Sie haben die ihnen von Jahwe erschlossene Offenbarung einem weiteren Kreis — doch wohl der Kultgemeinde — zu vermitteln.

---

30 Ich streiche רבה ; vgl. v.7 sowie die Komm.
31 lies מצורי für צור לבבי

In der Geschichte der Auslegung wurde schon verschiedentlich darauf aufmerksam gemacht, daß der Beter des Ps 62 nicht irgendein durchschnittlicher Israelite, sondern eine in besonderer Weise qualifizierte Persönlichkeit ist. So war der Dichter und Beter nach Wellhausen[32] ein Vornehmer. Staerk[33] bezeichnet ihn als "angesehene Persönlichkeit in führender Stellung". Nach Weiser kann der Beter der Gemeinde durch "die Ruhe seiner Seele", "den richtigen Maßstab", "das sichere Urteil", die er gewinnt, zum Führer werden[34]. Weiser lokalisiert den Psalm in den Bundeskult[35]. Er betont zu Recht, daß in v.12f. "die persönliche Erfahrung der Selbstoffenbarung Gottes" im Bundeskult vorausgesetzt wird[36]. Ähnlich charakterisiert Kraus[37] die Situation des Beters: Der Sänger, der "im Bereiche des Heiligtums Schutz gefunden" hat, hat ein "Heilsorakel" erhalten. Schmidt[38] sieht in dem Beter einen "unter Anklage stehenden Leidenden". Der Versuch Gunkels[39], v.4–8 als "eigenen Herzenserguss(.)" und v.9–13 unter einer weisheitlich didaktischen Abzweckung zu verstehen, ist verfehlt. Nicht eine zufällige persönliche Erfahrung, die zur Mitteilung drängt, liegt in v.4ff. vor, sondern die "Liturgie eines kultischen Aktes"[40]. Der Umbruch zwischen v.8 und v.9 ist allein von dem in v.12f. angeführten, von v.10–13 vorausgesetzten, im Anschluß an v.4–8 ergangenen Orakel aus zu verstehen:

> *Eins ist's, was 'Jahwe'[41] geredet,*
> *zwei Dinge, die ich gehört:*
> *Schutz ist bei 'Jahwe'[41]*
> *und bei dir, Herr, Gnade.*
> *Denn du vergiltst einem jeden nach seinem Tun.*

Der Abschnitt v.9ff. ist ganz durch die Vermittlung dieses Orakels, das in seinem wesentlichen Inhalt auch in v.9b wiedergegeben wird, bestimmt. Daß in Ps 62 der Empfänger des Orakels – so gewiß es für ihn Existenzbedeutung hat (vgl. v.4–5) – nur Vermittler ist, wird eindeutig dadurch belegt, daß in v.9ff. in Mahnung und Zuspruch eine Mehrheit angeredet

32 Wellhausen, s. z. St. (nach Gunkel)
33 SAT², S. 216
34 Psalmen, S. 304
35 vgl. Roth, Numeral Sayings, S. 55f.
36 Psalmen, S. 304
37 Psalmen, S. 436
38 Psalmen, S. 118
39 Psalmen, S. 263
40 Mowinckel, PsSt I, S. 154
41 Durch die elohistische Redaktion wurde wohl das ursprüngliche יהוה verdrängt.

wird, nämlich die Volksgemeinde[42]. V.9ff. kann geradezu in Strukturanalogie zur Gerichtsrede der vorexilischen Propheten verstanden werden:

> *'Bergt euch*[43] *bei 'Jahwe*[41],
> *vertrauet auf ihn, du ganze 'Volksgemeinde*[44]!
> *Schüttet euer Herz vor ihm aus!*
> *'Jahwe'*[41] *ist uns Zuflucht.*
> *Nur ein Hauch sind die Menschenkinder,*
> *Lüge die Söhne des Mannes.*
> *Auf der Waage schnellen sie hoch*[45],
> *leichter als Hauch allzumal.*
> *Vertrauet nicht auf Bedrückung,*
> *auf Raub setzt nicht eitle Hoffnung!*
> *Daß der Besitz gedeiht,*
> *darauf setzt nicht euer Herz.*

Der Scheltrede entspricht der mahnende Zuspruch (v.9a; [v.10]; v.11), dem Drohwort — freilich mit umgekehrtem Vorzeichen — die Schutzzusage (v.9b; v.12f.).

Die von Kraus[46] zu Recht gestellte Frage nach einer differenzierten Sicht der Situation des Beters ist klar zu lösen nur durch die Einsicht, daß die Existenz des Beters untrennbar verbunden ist mit dem zu Gunsten der Volksgemeinde erbetenen und erhaltenen Orakel. Der Beter ist dadurch, daß er zu Jahwe in einem Verhältnis steht, das unter anderem durch die prädikative Bezeichnung Jahwes als צורי qualifiziert wird, a priori dazu befähigt, um ähnlichen Schutz für die Gemeinschaft bei Jahwe einzutreten. Andererseits wird das צור-sein Jahwes für den Beter immer neu gerade erst darin konstituiert, daß Jahwe durch den Beter (vermittels eines Heilsorakels, also der Erhörung der Fürbitte des Beters) denen Schutz zusagt, zu deren Gunsten der Beter intervenierte. Kraus' — ihm offensichtlich selbst bedenklich erscheinende Vermutung[46], daß zunächst nur "ein erstes Gottesorakel übermittelt worden" ist, während die endgültige Entscheidung noch erwartet wird, wird durch diese Einsicht überflüssig.

Aus einer gewissen Übereinstimmung dieses Orakels mit in der Weisheitsliteratur gebrauchten Formen darf nicht auf eine Zugehörigkeit des Psalms

---

42 Ich lese mit LXX כל־עדת für בכל־עת ; so auch die Mehrheit der neueren Ausleger
43 Ich nehme 8bβ zu v.9 und lese בְּטְחוּ בוֹ / חֲסוּ (so die Konj. Gunkels)
44 Ich lese nach LXX כל־עדת
45 Der Atnach steht an falscher Stelle.
46 Psalmen, S. 438

zur Weisheitsdichtung geschlossen werden, zumal der Gebrauch von Zahlensprüchen keineswegs auf die Weisheitsliteratur beschränkt ist, ja geradezu gehäuft in einem zweifellos alten prophetischen Zusammenhang auftritt (Am 1,3ff.; vgl. die Kommentare). Der einzige in der bisher bekannten ugaritischen Literatur begegnende Zahlenspruch (51: III: 17–22) gehört ebenfalls nicht zur Weisheitsliteratur[47]. Eine historisch arbeitende Untersuchung hat daher allen Grund zur Vorsicht bei der Beurteilung der gegenseitigen Abhängigkeit von Ps 62 und der Weisheitsliteratur. Auch die Vermutung Sauers, daß Ps 62 sowie die oben genannten Amosstellen als unter dem Einfluß des kanaanäisch-phönizischen Raumes stehend interpretiert werden müssen, führt nicht entscheidend weiter, da Sauer auf die Angabe schlüssiger Argumente verzichtet[48].

Wir fassen deshalb zusammen: Der Beter, der in Ps 62 im persönlichen Gebet Jahwe als צורי bezeichnet, gehört zu den Kreisen des Jerusalemer Kultpersonals, die mit der Vermittlung der aktuellen Offenbarung Jahwes als צור für das Volk betraut waren. Wie die Untersuchung zeigte, ist der Psalm ganz auf die Vermittlung eines entsprechenden Orakels ausgerichtet. Trifft die von Kraus vorgeschlagene spät-vorexilische oder früh-nachexilische Datierung[49] zu, so haben wir in dem Beter einen Propheten aus der Zeit des Unterganges des Reiches Juda, also einen Zeitgenossen des Jeremia, zu sehen[50].

Ebenso wie bei Ps 62 bestätigt eine genauere Untersuchung unsere Vermutung, daß auch der Beter des Ps 73 nicht ein beliebiger Israelite ist, sondern eine Person, die institutionell mit der Vermittlung der aktuellen Offenbarung Jahwes als צור am Zionheiligtum betraut war. Diese Auffassung bringt uns in Gegensatz zu einer starken, heute noch durchaus wirksamen Strömung der neueren Forschung, die mit erstaunlich großer Einmütigkeit Ps 73 als "Lehrgedicht" aus Kreisen der Weisheit, das das Thema der Theodizee oder verwandte Fragen reflektiere, bestimmt[51]. Eine wesentliche Rolle spielt in dieser Anschauung wohl das schwer ausrottbare protestantische Vorurteil, daß tiefe religiöse Fragestellungen nur bei "Laien" möglich sind. So kann Fohrer in seiner Einleitung[52] mit Emphase – hier

47 Sauer, Sprüche Agurs, S. 87f.
48 vgl. Sprüche Agurs, S. 116f.
49 Psalmen, S. 437
50 vgl. zu Ps 62,4 Jr 1,18f.; 15,20
51 s. dazu ausführlich, Würthwein, Bertholet-Festschrift, S. 532ff.; vgl. Kraus, Psalmen, S. 503; Ringgren, VT 3 (1953), S. 265
52 S. 313

den selbstgewählten engen Rahmen sprengend – betonen, der von ihm als nachexilisches Weisheitslied bestimmte Ps 73 sei ein "persönliches geistliches Lied eines Menschen mit durchaus eigenem Lebensweg, unter Verwendung von kultischen Ausdrücken in neuem Sinn". Nach Weiser[53], der den Psalm im Heiligtum vor der Gemeinde vorgetragen denkt, ist der "Verfasser... ein durch Leid geprüfter..., einfacher Mann der frommen Gemeinde". Gegenüber diesem allgemeinen Trend der Forschung, der, wie das angeführte Zitat von Weiser[54] zeigt, selbst bei Forschern, die sich grundsätzlich für eine kultische Deutung der Psalmen aussprechen, eine sachgemäße Interpretation des Ps 73 verhindert, fehlte es nicht an Widerspruch. So hat Birkeland in seiner 1933 veröffentlichten Untersuchung "Die Feinde des Individuums in der israelitischen Psalmenliteratur" darauf hingewiesen, daß die Aussagen des Psalms nicht im Munde eines beliebigen Israeliten denkbar sind, sondern – wie er inzwischen mehrfach unterstrichen hat[55] – nur im Munde eines Repräsentanten des Volkes, nämlich – da Birkeland den Psalm mit Ewald, Cheyne u.a. in die Perserzeit datiert – des Hohenpriesters[56].

Dem von Birkeland erkannten Sachverhalt, daß Ps 73 nicht als persönliches Gebet eines Laien aufgefaßt werden kann, möchte Munch in seinem 1937 erschienenen Aufsatz "Das Problem des Reichtums in den Psalmen 37; 49; 73"[57] gerecht werden. Er greift die von Bentzen[58] vorgetragene Bestimmung des Beters als eines Leviten auf und versucht, Ps 73 aus der Situation der durch die Kultzentralisation in Jerusalem vereinigten und durch die – reichen – Zadokiden bedrängten ehemaligen levitischen Landpriester zu verstehen[59]. Auf die Versuche der Zadokiden, sie vom Altar, also aus Jahwes Nähe, fernzuhalten, antworte der levitische Dichter des Ps 73 mit der Berufung auf die מקדשי־אל , die Munch als die "heiligen Ordnungen" (z.B. Dt 10,9; 18,1–2) interpretiert[60].

Nach diesen kurzen und wohl zu schwach begründeten Bemühungen hat Würthwein in einer gründlichen Untersuchung[61] die übliche Auslegung des

53 Psalmen, S. 345
54 vgl. aber auch Mowinckel, PsSt I, S. 127f.; Psalms II, S. 36, Anm. 13; S. 110; S. 141; Schmidt, Psalmen, S. 139f.
55 ZAW 67 (1955), S. 99ff.; Evildoers, S. 36; S. 38
56 Feinde, S. 272
57 ZAW 55 (1937), S. 36–46
58 Jahves gœst, S. 52ff.
59 ZAW 55 (1937), S. 41f.
60 ZAW 55 (1937), S. 42
61 Erwägungen zu Psalm 73, Festschrift für Alfred Bertholet, Tübingen 1950, S. 532–549

Ps 73 scharf angegriffen. Er verwirft eine Interpretation, die vorschnell moderne Fragestellungen an den Psalm heranträgt. Deshalb wendet er sich gegen den wegen seiner Einfachheit bestechenden, vielfach unternommenen[62] Eingriff in den MT in Ps 73,1[63], der dann jeweils der gewünschten dogmatischen Interpretation den Weg ebnet. Demgegenüber hält Würthwein am MT in 73,1 fest und faßt ihn als synonymen Parallelismus auf[64]. Er stellt sich dem Problem, das damit gegeben ist, daß in v.1 von dem Verhältnis Jahwes zu Israel gesprochen wird, im folgenden aber ein Individuum in eigener Sache zu Wort kommt[65]: "Will man den Text in v.1 nicht ändern und trotzdem an einer einheitlichen Gedankenführung des Psalms festhalten, so muß man für v.2ff. zu der Auskunft greifen, daß hier ein Einzelner spricht, der das Kollektivum vertritt". Aus grundsätzlichen Erwägungen zum Verständnis des judäischen Königtums und gestützt auf die scharfsinnige Auswertung bestimmter Einzelzüge in v.23, v.24, v.10, v.7, die teilweise auf geschickte Rekonstruktionen verdorbener Textstellen aufbaut[66], hält Würthwein einen König für den Beter des Psalms[67]. Er wendet sich zu Recht gegen ein spiritualistisches Verständnis des v.17[68] und versteht die v.18–24 (unter Umstellung von v.21f. hinter v.6) als Explikation eines im Tempel ergangenen kultprophetischen Orakels[69]. Der ganze Psalm ist nach Würthwein "nach Empfang einer Heilszusage" gesprochen "und drückt das Vertrauen aus, das den Beter daraufhin beseelt. Er ist ... ein Vertrauenspsalm und bildete wohl einen Bestandteil eines kasuellen Gemeindegottesdienstes. Er ist zugleich bestimmt dazu, auch bei anderen Vertrauen zu erwecken"[70]. Würthwein hat zweifellos die Struktur des Psalms richtig erkannt und den Aussagen des Psalms selbst das ent-

---

62 vgl. die Aufzählung bei Würthwein, Bertholet-Festschrift, S. 538
63 ישר אל ישראל in
64 Bertholet-Festschrift, S. 536f.
65 Bertholet-Festschrift, S. 542ff.
66 vgl. bes. Bertholet-Festschrift, S. 543
67 Bertholet-Festschrift, S. 544f.
68 Bertholet-Festschrift, S. 547; vgl. auch v. Rad, Gerechtigkeit und Leben, S. 243, Anm. 26; Kraus, Psalmen, S. 507; Weiser, Psalmen, S. 345; Ringgren, VT 3 (1953), S. 270; Schmidt, Psalmen, S. 139; Mowinckel PsSt I, S. 127; abwegig ist die Auffassung Birkelands, es handele sich um die nach der Kultzentralisation als illegitim angesehenen Landheiligtümer, Evildoers, S. 37
69 Bertholet-Festschrift, S. 548; vgl. auch Ringgren, VT 3 (1953), S. 272, der "das Erlebnis von Gottes Sieg über die feindlichen Mächte, so wie er im Kultus veranschaulicht wurde" als "den entscheidenden Wendepunkt des vorliegenden Psalmes" ansieht. Die von Ringgren auf S. 267ff. angeführten kultmythischen Vorstellungen stehen wohl im Hintergrund, sind aber in Ps 73 nicht mehr aktuell wirksam
70 Bertholet-Festschrift, S. 548

scheidende Gewicht bei der Bestimmung der Person des Beters und der Erhellung des Sitzes im Leben gegeben[71]. Daß der Psalm auf eine Offenbarung Jahwes im Tempel (v.17) bezogen ist, kann so wenig bestritten werden, wie die Erkenntnis Würthweins, daß der Beter eine Mittlerpersönlichkeit ist, in der "sich die Kraft der ganzen Gemeinschaft wie in einem Brennpunkt sammelt"[72]. Man muß jedoch fragen, ob der in Ps 73 sprechende Mittler unter allen Umständen als ein König zu identifizieren ist. In dem das Selbstverständnis des Beters auslegenden Abschnitt v.23—28 bezeichnet der Beter Jahwe in synonymem Parallelismus zu צורי[72a] als חלקי:

> 23 Ich dagegen habe stets deinen Beistand[73],
> du hast (ja) meine Rechte ergriffen.
> 24 Nach deinem Rat leitest du mich
> und bringst[74] mich am Ende zur Herrlichkeit.
> 25 Wen habe ich im Himmel 'außer dir'[75]?
> Nur du bist auf Erden mein Begehr[76]!
> 26 Vergeht mir Leib und Seele,
> mein Fels` '[77] und mein Teil bleibt Gott ewiglich.
> 27 Denn siehe, die fern von dir sind, gehen zugrunde;
> Du vernichtest alle, die fern von dir[78] Hurendienst treiben.
> 28 Dagegen ist es für mich köstlich, 'Jahwe' zu nahen.
> Ich habe auf den Herrn` '[79] mein Vertrauen gesetzt,
> So daß ich (noch) erzählen kann alle deine Taten.[80]

v. Rad hat zu Recht auf die Bedeutung aufmerksam gemacht, die der Bezeichnung Jahwes als חלקי für das Verständnis des ganzen Abschnitts zukommt. Es ist unwahrscheinlich, daß "jene alte Levitenprärogative"[81] dem König in den Mund gelegt wurde. Ebensowenig ist jedoch eine spiritualistische Transformation[82] nachzuweisen. Die nächstliegende Erklärung ist die, daß in Ps 73,26 eine Person spricht, die dem Kreis der Leviten zugerechnet wird[83]. Dazu stimmt die Aussage von v.28, daß es das Gut des

---

71 Kraus' nicht näher begründete Mahnung zur Vorsicht kann wohl kaum als Widerlegung gewertet werden (Psalmen, S. 504).
72 Bertholet-Festschrift, S. 548
72a So mit den meisten Auslegern für צור לבבי.
73—79 s. die entsprechenden textkritischen Begründungen bei Würthwein, Bertholet-Festschrift, S. 540, Anm. 5; S. 541, Anm. 1—6
80 Text nach Würthweins Übersetzung, Bertholet-Festschrift, S. 540f.
81 Gerechtigkeit und Leben, S. 245
82 So v. Rad, Gerechtigkeit und Leben, S. 245
83 vgl. Bentzen, Jahves gœst, S. 52ff.; Munch, ZAW 55 (1937), S. 41ff.

Beters sei, Jahwe zu suchen. Hiermit ist wohl, wie von Rad[84] im Anschluß an Birkeland[85] betont hat, auf die Vorstellung "des Wohnens bei Jahwe" (Ps 23,6; 27,4; 61,5; 84,3.5) angespielt, die offentsichtlich von einer Gruppe des levitischen Tempelpersonals in Anspruch genommen wurde (vgl. Ps 65,5). Diese Bestimmung der Person des Beters bewährt sich in der Interpretation anderer Züge des Psalms. Gehört der Beter zum levitischen Kultpersonal, so beschreibt v.28b seine offizielle Funktion. Ebenso läßt es sich dann leicht erklären, daß er, wie Kraus[86] richtig gesehen hat, "im prophetischen Stile" spricht: "18—20 enthält tatsächlich eine prophetische Desillusionierung im Lichte der göttlichen אחרית". v. 18ff. ist keine Usurpation fremder (prophetischer) Formen durch den Beter, sondern der kultischen Funktion des levitischen Beters entsprechende Explikation des auf jeden Fall vorausgesetzten, wahrscheinlich in v.1 überlieferten Gottesspruchs. Die allgemeine Erkenntnis, daß — um ihre Artikulation bei Kraus[87] zu gebrauchen — v.1 "nicht nur das Thema, sondern auch die Überwindung der im Psalm geschilderten Spannungen und Anfechtungen vorweg"-nehme, sowie die vereinzelt beobachtete Formelhaftigkeit des Verses, geben jedenfalls ein gewisses Recht zu dieser Vermutung.

Der von uns vorgeschlagenen Interpretation, daß der Beter ein Mitglied des levitischen Kultpersonals sei, entsprechen weitere Einzelzüge des Psalms, die für eine Bestimmung des Beters als eines Königs in Anspruch genommen werden: Der in v.23b erwähnte Akt ("du hast meine Rechte ergriffen") ist, wie Greßmann[88] gezeigt hat, Teil des altorientalischen Krönungsrituals. Er bringt ein besonderes Verhältnis der betreffenden Person zu Jahwe zum Ausdruck[89]. Er ist jedoch nicht auf den König beschränkt, wie z.B. Jes 42,6 beweist. Sollte er nicht auch von einem levitischen Mitglied des Kultpersonals, das Jahwe als seinen חלק bezeichnet (v.26) und das praktisch von seinem Wohnen bei Jahwe spricht (v.28), zur Charakterisierung seiner Stellung gebraucht worden sein?

Sollte sich die Auffassung, die Hansen 1950 in Dansk Teologisk Tidsskrift[90] geäußert hat, die Wendung "hinter (nach) Herrlichkeit neh-

---

84 Theol. AT I, S. 418, Anm. 49
85 ZAW (1950), S. 101
86 Psalmen, S. 508; Kraus zieht jedoch aus dieser Beobachtung keine Konsequenzen
    für die Bestimmung der Person des Beters.
87 Psalmen, S. 505
88 Greßmann, Messias, S. 61
89 vgl. Würthwein, Bertholet-Festschrift, S. 543
90 S. 85 (nach Ringgren VT 3 (1953), S. 270

men" oder "senden" (Sa 2,12) sei terminus technicus für das ekstatische Erlebnis, bestätigen, so wäre ein weiterer Beleg für unseren Vorschlag erbracht. Aber auch wenn sich die Argumentation Hansens als nicht zutreffend erweisen sollte, kann nicht bestritten werden, daß es sich bei der כבוד in v.24 um die kultische Erscheinung der Herrlichkeit Jahwes (vielleicht am Neujahrsfest) handelt[91]. Am schwersten ist wohl das Argument zu entkräften, das Würthwein durch seine auf eine geschickte Konjektur des Verses gestützte bestechende Auslegung des v.10 gewinnt[92]: Bei מלא מי ergänzt er ein evtl. durch Haplographie ausgefallenes מ : מים מלא, punktiert für יָמַצּוּ יָפַצּוּ von מצץ – saugen, schlürfen, interpretiert למו als dat. eth. und gewinnt so die Übersetzung:

> *Wahrlich, brächte er sein Volk hierher,*
> *So würden sie Wasser in Fülle 'schlürfen'.*

Diese Übersetzung wird dann im Blick auf Js 36,16 (die Versprechungen, die Sanherib den Jerusalemern machen läßt) erläutert. Sollte Würthwein mit dieser Interpretation im Recht sein – der unmittelbare Kontext spräche jedenfalls dafür –, so müßten wir bei unserem Verständnis der Person des Beters mit einer Demokratisierung in dem in der Einleitung angegebenen Sinn rechnen: Die innerisraelitischen Feinde werden von dem Beter, der die aktuelle Offenbarung Jahwes auf dem Zion vermittelt, als Feinde Jahwes gekennzeichnet, d.h. den "Völkern" gleichgestellt und profanisiert.

Eine genaue zeitliche Ansetzung des Psalms ist schwerlich möglich. Da sich "keine Spuren von dem Nomismus" finden[93], andererseits die Existenz des Tempels vorausgesetzt wird, ist – im Gegensatz zu den meisten neueren Auslegern – eine vorexilische Ansetzung durchaus erwägenswert[94]. Der Beter wäre dann ein levitischer Kultprophet am Zionsheiligtum[95].

91 So Ringgren, VT 3 (1953), S. 271; vgl. auch Kraus, Psalmen, S. 510: " כבוד (d.i. im Lichtphänomen seiner Herrlichkeitserscheinung)". Es muß bezweifelt werden, daß die Entrückungsvorstellung in v.24 die Bedeutung hat, die v. Rad ihr zumißt (Theol. AT I, S. 418f.).
92 Bertholet-Festschrift, S. 543
93 Birkeland, Feinde, S. 272
94 So Würthwein, Bertholet-Festschrift, S. 549
95 Da Delekat bei seiner apodiktischen Zuordnung des Psalms zum Thema "Asylschützlingstheodizee" (Asylie, S. 245; S. 250ff.) auf die Angabe von überzeugenden Gründen verzichtet, ist eine Auseinandersetzung nicht möglich.

Ebensowenig wie Ps 62 und Ps 73 ist Ps 92 "ein glücklicher Ausdruck kind-lich-fröhlichen Glaubens"[96]. Er ist wohl kaum aus "persönlichem Anlaß gedichtet worden"[96], wie Gunkel meinte. Demgegenüber zeigen Schmidt und Weiser die Richtung, in der das richtige Verständnis des Psalms gesucht werden muß. Sie sehen deutlich, daß dem Psalm ein Geschehen im Heiligtum zugrundeliegt. Schmidt[97] sieht in dem Beter offensichtlich einen Menschen, der im Heiligtum geheilt wurde und sich damit gegen seine Feinde durchgesetzt hat. Weiser[98] nimmt einen mehrtägigen Aufenthalt des Beters während einer Festzeit (möglicherweise dem Neujahrsfest) am Heiligtum an. Jedoch dürfte der Beter fester mit dem Heiligtum verbunden sein als Schmidt und Weiser annehmen. Nach v.16 ist der Personenkreis, zu dem sich der Beter zählt, mit einer Verkündigung betraut, die in enger Beziehung zu dem צור-sein Jahwes für den Beter steht:

> *Noch im Alter gedeihen sie,*
> *bleiben saftig und grün,*
> *um zu künden, daß Jahwe gerecht ist,*
> *mein Fels, und ist keine Schlechtigkeit an ihm (15f.).*

Daß der Beter nicht ein beliebiger Privatmann ist, geht aus seiner engen (ständigen) Beziehung zum Heiligtum in Jerusalem hervor:

> *Der Gerechte sproßt wie eine Dattelpalme,*
> *wie eine Zeder im Libanon wird er groß.*
> *Die gepflanzt sind im Hause Jahwes,*
> *sprossen in den Vorhöfen unseres Gottes (13f.).*

Dafür spricht auch der ausdrückliche Verweis auf das Betrautsein mit gottesdienstlichen Aufgaben:

> *Schön ist es, Jahwe zu loben,*
> *und deinem Namen, Höchster, zu singen!*
> *Deine Gnade am Morgen zu künden*
> *und deine Treue in den Nächten*
> *zur Zehnsaitigen und zur Harfe,*
> *zum Spiel auf der Zither (2ff.).*

---

96 Gunkel, Psalmen, S. 409
97 Schmidt, Psalmen, S. 173f.
98 Psalmen, S. 420

Der Beter ist im Kreise der Gesetzestreuen (ṣadiqim) zu suchen, die weitgehend weisheitliches Denken assimiliert haben. Als Entstehungszeit des Psalms kann nur die Zeit des zweiten Tempels in Frage kommen[99].

Anders als bei Ps 62; 73 und 92 konnte in der Auslegung des Ps 144,1—11 nie überzeugend bestritten werden, daß der Psalm ganz von einer Theophanie Jahwes, die von einem institutionell hervorgehobenen Mittler, nämlich dem König, vermittelt wird, geprägt ist.

Die existentielle Mittlerstellung des Beters ist in allen vier Fällen durch das צור -sein Jahwes für ihn charakterisiert. Zugleich ist dadurch die vermittelte Offenbarung in dem spezifischen Sinn der Schutzfunktion Jahwes qualifiziert.

Die Untersuchung des Gebrauches von צור mit dem Suffix der 1. Pers. Sg. als prädikativer Bezeichnung Gottes fügt sich damit gut zu dem Befund der Analyse des Gebrauchs von צור als Anrede Gottes. Ps 62; 73; 92 und 144,1—11 passen sich gut ein in den oben[100] aufgezeigten Entwicklungsbogen. Ps 62 und 73 gehören in den durch b markierten Bereich der Entwicklung, während wir in Ps 92 einen weiteren Beleg des Traditionsstroms haben, der zwischen b und c fließt. Ps 144,1—11 gehört eindeutig in die Phase a.

Wir fassen zusammen: צור als Anrede und prädikative Bezeichnung Gottes, die durch das Suffix der 1. Pers. Sg. determiniert ist, begegnet im Munde eines Individuums nur in solchen Psalmen, die unbeschadet der Verschiedenheit der traditionellen Gattungsbestimmung und unbeschadet der Bestimmung der Person des Beters (im typischen, nicht kontingent-konkreten Sinne[101]) in ihrer Struktur auf eine Offenbarung Jahwes bezogen sind, die durch den Beter, dessen Verhältnis zu Jahwe durch das צור -sein Jahwes für ihn bestimmt ist, vermittelt wird, und die durch das so charakterisierte existentielle Verhältnis Jahwes zu dem Beter qualifiziert

---

99 Aufgrund der Bestimmung der Gattung datiert Gunkel (ohne genaue Angabe) spät. Für Spätdatierung auch Duhm, Psalmen, S. 348, der die Feinde des Beters auf die Sadduzäer deutet. Ebenfalls späte (nachexilische) Datierung erwägt Kraus, Psalmen, S. 642. Er sieht den Psalm von der "Tendenz einer 'Gerichtsdoxologie' durchwirkt".

100 s.o.S. 34

101 Es ist unmöglich und geht an der Intention der untersuchten Psalmen vorbei, aus den typischen Situationsangaben eine kontingente Situation oder ein kontingentes Geschehen erheben zu wollen; vgl. Würthwein, Ich der Psalmen (erscheint demnächst; der Verfasser hat mir freundlicherweise Einsicht in sein Manuskript gewährt.)

wird. Es spricht alles für die Annahme, daß als Beter immer die Person vorauszusetzen ist, die im jeweiligen Stadium der kultischen Entwicklung institutionell mit der Vermittlung des Heilswillens Jahwes betraut war[102] Mit allem Vorbedacht kann deshalb (hier schon) eine Entwicklungslinie angedeutet werden, für die die soeben untersuchten Psalmen typische Markierungspunkte sind[103]:

Ps 18 = 2 Sa 22; Ps 144,1—11; 28; Ha 1,12—17; Ps 73? Ps 62; 92; 19,8—15; 1 QH 11,15—28.

3. Der Gebrauch von צור als durch pluralische Nominalsuffixe determinierte Bezeichnung Gottes

ist nicht, wie man zunächst vermuten könnte, Exponent eines älteren Stadiums, aus dem sich im Zuge eines Individualisierungsprozesses die soeben angedeutete Entwicklung ergeben hätte, sondern Ausdruck der — relativ späten — theologischen Reflexion der Kreise des Jerusalemer Kultpersonals, deren Selbstverständnis in der Bezeichnung und Anrede Jahwes als צור im aktuellen persönlichen Gebet erschlossen wird.

Das im Rahmen des Deuteronomiums überlieferte Moselied (Dt 32,1—43) ist geradezu geprägt durch einen formelhaften, theoretisch-programmatischen Gebrauch von צור als Gottesbezeichnung[104], die sowohl auf den eigenen (Dt 32,30.31) als auch auf einen fremden Gott (Dt 32,31) angewandt wird:

> 'Wie kann einer tausend verfolgen,
> können zwei zehntausend in die Flucht schlagen?
> Doch nur weil ihr Fels sie verkauft,
> und Jahwe sie preisgegeben hat!
> Denn nicht wie unser Fels ist ihr Fels,
> und unsere Feinde sind gerichtete'[105]
> (Dt 32,30f.).

---

102 z.B. König, Prophet, Gesetzeslehrer, Lehrer der Gerechtigkeit
103 Direkte Abhängigkeit des einen vom anderen kommt selbstverständlich nicht in Frage.
104 vgl. auch Cornill, Zur Einleitung, S. 40
105 Übersetzung nach Eissfeldt, Lied Moses, S. 12; Begründung der Übersetzung dort

In Sprache und Inhalt wirkt der Psalm stärker typisch, weniger konkret im Sinn der Beziehung auf ein kontingentes historisches Geschehen. Der Versuch einer Datierung nach einem einschneidenden historischen Ereignis[106] findet im Text nicht die hinreichende Begründung.

Bevor die Frage nach dem Sitz im Leben gestellt werden kann, vergegenwärtigen wir uns den Text nach der Übersetzung von Eissfeldt[107]:

"1 Merkt auf, ihr Himmel, ich will reden,
und die Erde höre meines Mundes Worte!

2 Wie Regen riesle meine Offenbarung,
wie Tau tropfe mein Wort,
wie Schauer auf das Grün,
wie Güsse auf das Gras!

3 Denn Jahwes Namen verkündige ich,
gebt Preis unserm Gott!

4 Der Fels, vollkommen sein Tun,
denn alle seine Wege sind recht,
ein Gott der Treue ohne Falsch
gerecht und lauter ist er.

5 Es betrog ihn — 'Nicht-seine-Söhne' ihr Brandmal —
ein verkehrtes und verdrehtes Geschlecht.

6 Durftet ihr Jahwe so vergelten,
törichtes und nicht weises Volk?
Ist er nicht dein Vater, der dich geschaffen?
Er hat dich gemacht und bereitet.

7 Gedenke der uralten Tage,
beachtet die Jahre der früheren Geschlechter!
Frag' deinen Vater, daß er dir's künde,
deine Ältesten, daß sie dir's sagen!

8 Als 'Eljon die Nationen verteilte,
schied die Menschenkinder,
feststellte die Grenzen der Völker,
nach der Zahl der Gottessöhne,

---

106 Eissfeldt, Lied Moses, bes. S. 23f.; S. 41ff. denkt an die Philisternot im 11. Jh. So bezieht er etwa Dt 32,19—25 auf die in 1. Sa 4 geschilderte Katastrophe. Cassuto, Atti del XIX Congresso Internationale degli Orientalisti, S. 483 datiert das Lied "precisamente anteriore di poco alla lotta di Deborah". Dagegen v. Rad, Deut., S. 141; vgl. auch Meyer, Verb. und Heimkehr, S. 201
107 Lied Moses, S. 8ff.; Begründung der Übersetzung dort

9 da ward Jahwes Besitz sein Volk,
Jakob sein Losanteil.

10 Er fand es in wüstem Lande,
in der Öde schauerlicher Wildnis,
er umhegte es, pflegte es,
hütete es wie seinen Augapfel.
11 Wie ein Adler sein Nest aufstört,
flattert um seine Jungen,
breitete er seine Flügel aus, nahm es,
trug es auf seiner Schwinge.
12 Jahwe allein leitete es,
und kein fremder Gott war bei ihm.
13 Er führte es über die Höhen der Erde,
speiste es mit dem Ertrag des Feldes,
säugte es mit Honig aus dem Felsen
und Öl aus Kieselgestein,
14 Sahne von Kühen und Milch von Schafen
samt dem Fett der Lämmer
und Widder aus Basan und Böcke
samt dem Nierenfett des Weizens.
Aus Traubenblut trankst du Wein,
wurdest fett, dick, feist.

15 So aß Jakob und wurde satt,
und Jeschurun wurde fett und schlug aus,
verwarf den Gott, der ihn gemacht,
und verschmähte den Fels seiner Hilfe.
16 Sie reizten ihn durch Fremde,
durch Greuel kränkten sie ihn,
17 opferten Unholden, die nicht Gott sind,
Göttern, die sie nicht gekannt,
neuen, die unlängst gekommen,
die ihre Väter nicht verehrt.
18 Den Felsen, der dich gebar, vergaßest du
und ließest fahren den Gott, der dich gekreißt.
19 Jahwe sah's und ergrimmte
ob der Kränkung durch seine Söhne und Töchter
20 und sprach: Verbergen will ich mein Antlitz vor ihnen,
will sehen ihr Ende.
Denn ein wetterwendisches Geschlecht sind sie,

Söhne, auf die kein Verlaß ist.
21 Sie reizten mich durch einen Nicht-Gott,
kränkten mich durch ihre Nichtse,
so reize ich sie durch ein Nicht-Volk,
durch eine törichte Nation kränke ich sie.
22 Ja, ein Feuer flammt auf in meiner Nase
und brennt bis in die tiefste Unterwelt,
frißt die Erde und ihren Ertrag
und setzt in Brand die Wurzeln der Berge.
23 Häufen will ich gegen sie Nöte,
meine Pfeile verschießen gegen sie,
24 die verschmachtet vor Hunger und ausgezehrt von Pest
und bitterer Seuche,
und der Raubtiere Zahn entbiete ich gegen sie
samt dem Gift der Staub-Kriecher.

25 Draußen mordet das Schwert
und drinnen der Schrecken,
Jüngling wie Jungfrau,
Säugling samt Greis.

26 Ich hätte beschlossen, sie auszurotten,
zu tilgen ihr Gedächtnis aus der Menschenwelt,
27 aber ich scheute den Spott des Feindes,
daß ihre Gegner es mißverständen,
daß sie dächten: 'Unsere Hand ist erhaben'
und nicht: 'Jahwe hat das alles getan'.

28 Denn eine unbelehrbare Nation sind sie,
und keine Einsicht ist bei ihnen.
29 Wenn sie klug wären, begriffen sie dies,
achteten auf ihr Ende:
30 'Wie kann einer tausend verfolgen,
können zwei zehntausend in die Flucht schlagen?
Doch nur weil ihr Fels sie verkauft,
und Jahwe sie preisgegeben hat!
31 Denn nicht wie unser Fels ist ihr Fels,
und unsere Feinde sind gerichtete'.

32 Ja, von Sodoms Weinstock ist ihr Weinstock
und von den Feldern Gomorras,
ihre Beeren sind Giftbeeren,
bittere Trauben haben sie.

33 Drachengeifer ist ihr Wein
und grausames Otterngift.

34 Ist nicht dies bei mir verwahrt,
liegt versiegelt in meinen Kammern
35 auf den Tag der Rache und der Vergeltung,
auf die Zeit, da ihr Fuß wankt?
Denn nahe ist der Tag ihres Unheils,
und ihr Verhängnis eilt.

36 Ja, Recht schaffen wird Jahwe seinem Volk
und seiner Knechte sich erbarmen.
Denn er sieht, daß jeder Halt geschwunden,
und daß sie alle hin sind,
37 und spricht: Wo sind ihre Götter,
der Fels, auf den sie vertrauten?
38 Die das Fett ihrer Opfer aßen,
tranken den Wein ihrer Spenden,
die mögen nun aufstehen und euch helfen
und euch zum Schutz sein!
39 Seht nun, daß ich allein es bin
und daß es keinen Gott neben mir gibt.
Ich töte und mache lebendig,
schlage und heile auch,
und keiner kann mir etwas aus der Hand nehmen!

40 Ja, ich hebe meine Hand gen Himmel
und spreche: Sowahr ich lebe in Ewigkeit,
41 wenn ich geschärft meines Schwertes Blitz
und meine Hand das Richtbeil gepackt,
zahle ich Rache heim meinen Gegnern,
und vergelte ich meinen Hassern.
42 Trunken mache ich meine Pfeile von Blut,
und mein Schwert frißt Fleisch,
vom Blut der Erschlagenen und Gefangenen,
von des Feindes lockigem Haupt.

43 Preist, ihr Himmel, Jahwe,
und es sollen niederfallen vor ihm alle Gottessöhne!
Denn er rächt das Blut seiner Knechte
und zahlt Rache heim seinen Gegnern,
seinen Hassern vergilt er,
und er entsühnt das Land seines Volkes. "

Die Frage nach dem Sitz im Leben muß vor allem zwei sich aus dem Psalm unmittelbar ergebende Sachverhalte berücksichtigen:

1) die (in der Forschung vielfach konstatierte [107a]) starke formale und inhaltliche Beziehung des Psalms zur prophetischen Literatur.

2) der unreflektierte Gebrauch von Vorstellungen, die nicht aus der Tradition der Stämme, wohl aber aus der kanaanäischen Religion erklärt werden können.

Die Tatsache, daß die Untersuchung der vorexilischen Schriftpropheten weitgehend durch klassische Klischees bestimmt wird, hat es nahezu verhindert, daß die Erkenntnis der Verwandtschaft des Moseliedes mit prophetischen Formen und Vorstellungen[108] für die Bestimmung des Sitzes im Leben des Moseliedes fruchtbar wurde[109]. Die monopolistische Inanspruchnahme der Gerichtsverkündigung für die vom Kult gelöste Prophetie verbot die Zuweisung des Moseliedes in den Bereich der Kultprophetie[110]. Die in dem Moselied geübte Beschränkung auf die Verurteilung religiöser (und nicht auch sozialer) Vergehen[111] macht eine direkte Zuordnung des Liedes zur Verkündigung der großen sogenannten Gerichtspropheten unmöglich. Eine Auflösung dieser Aporie ist nur möglich durch die Aufgabe der dogmatisch bedingten Vorurteile über das Verhältnis von Prophet und Kult, die eine sachgemäße Interpretation des Moseliedes in gleichem Maß verhindern, wie sie das rechte Verstehen der Verkündigung, etwa der Propheten des 8. Jahrhunderts, belasten.

107a Budde, Lied Moses, S. 3; Hauri, Moseslied, S. 62ff.; Baumann, VT 6 (1956), S. 416; S. 421ff.; Gunkel, RGG² IV, S. 534f.; Ewald, Das große Lied im Deuteronomium, Jahrbücher der biblischen Wissenschaft 8 (1856), Göttingen 1857, S. 41; v. Rad, Deut., S. 141f. Der Versuch Eissfeldts, Lied Moses, S. 17ff., die These der Beeinflussung des Moseliedes durch den Prophetismus zu widerlegen, ist nicht gelungen. Er hat lediglich die Möglichkeit aufgezeigt, daß 1. sowohl die großen Propheten wie das Lied Moses aus einer beiden vorgelagerten (auf Mose zurückgehenden) Tradition schöpfen, 2. bestimmte Vorstellungen des Moseliedes in der den großen Propheten vorangehenden Tradition durchaus denkbar sind. Er hat aber in keinem Fall sicher nachgewiesen, daß das Moselied eine ältere Stufe der von den großen Propheten aufgenommenen Tradition darstellt. Einen indirekten Beleg zwischen Dt 32,1—43 und dem Prophetentum liefert Eissfeldt durch seine Erwägung, ob nicht sogar Samuel der Dichter ist (Lied Moses, S. 42), gerade dann, wenn man berücksichtigt, wie sehr wohl gerade das Bild Samuels nach dem der Propheten stilisiert ist.
108 vgl. die katalogische Aufführung der Anklänge bei Baumann VT 6 (1956), S. 421f.
109 So kann z.B. v. Rad — praktisch im Gegensatz zu seiner eigenen Einzeluntersuchung — das Lied der Weisheit zuweisen (Deut., S. 143).
110 So Sellin, ZAW 43 (1925), S. 162; Budde, Lied Moses, S. 6ff.
111 So die richtige Behauptung von Baumann, VT 6 (1956), S. 422

Im Moselied tritt uns eine Prophetie entgegen, die sowohl Gerichts- als auch Heilsverkündigung für das eigene Volk kennt, die sich in der Kritik auf religiöse Mißstände beschränkt, eine Prophetie also, die in der Struktur große Übereinstimmung mit den Schriftpropheten aufweist, aber ganz andere Schwerpunkte setzt[112]. Die starke Betonung des religiösen Moments legt eine enge Beziehung dieser Prophetie zum Kult nahe[113]. Diese Vermutung gewinnt Sicherheit durch die Erkenntnis der besonderen Stellung des Psalms zum Kanaanäertum und seiner Religion: Neben einer unbefangenen Übernahme von Vorstellungen der kanaanäischen Religion[114] steht die Verdammung der Kanaanäer als des Feindes[115].

112 vgl. dazu Würthwein, Kultpolemik oder Kultbescheid, S. 128ff.
113 Gunkel, RGG² IV, S. 535 nimmt − heftigst bestritten von Budde, Lied Moses, S. 6ff.; bes. S. 8 und Sellin, ZAW 43 (1925), S. 162 − einen Heilspropheten der Zeit Jeremias als Dichter an. Vgl. Hauri, Moseslied, S. 74f.; zur Datierung vgl. jedoch unten S. 60. Dem Problem der Gerichtsverkündigung begegnet Gunkel durch die Annahme, daß "in die damalige Heilsprophetie die Ideen der Unheilsprophetie, besonders der Gedanke an Israels Sünde, eingedrungen waren" (RGG² IV, S. 535).
114 Bes. in v.8 und v.43, und zwar jeweils in der ursprünglicheren Textform, die durch LXX und durch eine von Skehan in BASOR 136 (1954), S. 12−15 veröffentlichtes Qumranfragment belegt wird. Zu v.8 bietet das Fragment (Skehan, BASOR 136 (1954), S. 12): bhnhy (1) bny 'l ( )
Es bleibt offen, ob in dem Text, den das Fragment bietet, אל, אלום oder אלהים gestanden hat. Zu v.8 vgl. auch Vet.Lat., Symm.
Den auch im NT H 1,6 und R 15,10 voneinander und von LXX abweichend zitierten v.43 rekonstruiere ich − leicht abweichend von der oben zitierten Übersetzung Eissfeldts − gestützt teils auf LXX, teils auf das Fragment (BASOR 136 (1954), S. 13) folgendermaßen: הרנינו שמים עמו והשתחון לו כל בני אל כי
דם בניו יקום ונקם ישיב לצריו: למשנאיו לשלם וכפר עדמת עמו
Vgl. auch Meyer, Verb. u. Heimkehr, S. 201; vgl. jedoch auch die von dieser Textherstellung abweichenden (auch untereinander differierenden) Vorschläge von Skehan, BASOR 136 (1954), S. 15) und Eissfeldt, Lied Moses, S. 14, Anm. 1; zu den Rekonstruktionsversuchen vor der Veröffentlichung des angeführten Qumranfragments verweise ich summarisch auf Eissfeldt, Lied Moses, S. 14, Anm. 1. In diese Reihe gehört sachlich auch der Versuch von Winter, ZAW 67 (1955), der durch die Veröffentlichung des Fragments überholt und sachlich bestätigt wurde (irrtümlich anders Eissfeldt, Lied Moses, S. 14, Anm. 1).
Zur Frage der Rekonstruktion des v.43 vgl. auch Artom, Sul testo di Deuteronomio XXXII, 37−43, S. 285ff.
115 Ungezwungen läßt sich der Abschnitt v.21−35 nur erklären, wenn erkannt wird, daß mit dem Nicht-Volk, dem frevelhaften Volk v.21 die kanaanäische Bevölkerung, in deren Bereich Israel eingedrungen ist, mit der es zusammenlebt, gemeint ist. Dafür spricht entscheidend die Ableitung des Weinstocks des Nicht-Volkes vom Weinstock Sodoms und von den Feldern Gomorrhas sowie die Erwähnung des ursprünglichen Vorsatzes Jahwes, dieses Volk auszurotten (die uns an das Deuteronomium erinnern). Zur Deutung des לא־עם auf die Kanaanäer: vgl. Cassuto, Atti del XIX Congresso Internationale degli Orientalisti, S. 481f., der

D.h. das Moselied ist aus einer kultischen Tradition zu verstehen, der der Kanaanäer als der Feind schlechthin galt (den Jahwe nach seinem ursprünglichen Vorsatz total ausrotten wollte), an deren historischem Beginn die Kanaanäerfrage faktisch aber dadurch gelöst wurde, daß kanaanäische Traditionen von der Jahwereligion usurpiert wurden. Da das wohl vor allem in Jerusalem der Fall war, bietet es sich an, das Lied im Traditionsbereich, genauer: im Bereich der kultprophetischen Traditionen des Jerusalemer Heiligtums entstanden zu denken.

Die Terminologie besonders von v.2, die durchgehende Bezugnahme auf typisches und nicht konkret-kontingentes Geschehen sowie der formelhafte Gebrauch gerade von צור als Gottesbezeichnung lassen auf eine gewisse Lehrfunktion des Liedes schließen. Wright[116] dürfte Recht haben, wenn er das ganze Lied als "a tool for teaching" bezeichnet. Aufgrund unserer Beobachtungen können wir dieses Urteil noch spezifizieren: Das Lied des Moses ist ein programmatisches Lehrgedicht der Kultprophetie am Jerusalemer Heiligtum (das einen zuverlässigen Einblick in die Vorstellungen und Voraussetzungen dieser Prophetie vermittelt[117]).

Diese Prophetie ist qualifiziert durch das Verständnis ihres Gottes als צור. Es charakterisiert das Selbstverständnis dieser Prophetie, daß sie ihren durch צור im Sinne der Schutzfunktion qualifizierten Gott als den höchsten Gott proklamiert, bzw. daß sie den höchsten Gott als Schutzgott-

allerdings das Moselied auf ein bestimmtes historisch fixierbares Ereignis in der Frühzeit Israels beziehen will (S. 483); vgl. oben S. 53, Anm. 106. Sellin, ZAW 43 (1925), S. 164ff. spricht sich entschieden dafür aus, in dem לא־עם "die Mischbevölkerung Kanaans" zu sehen (S. 167). Da er sich für eine späte Datierung einsetzt (Verfasser Zeitgenosse Tritojesajas / 1. Hälfte 5. Jh.; S. 164), denkt er in erster Linie an die Samaritaner, aber auch an die Moabiter und Ammoniter (S. 165f.). Für die Deutung auf Moab und Ammon auch Gunkel, RGG² IV, S. 534 (ebenso M. Frank, The date of Moses' Song, Tarbiz 18 (1946/47), S. 129ff. – da mir nicht zugänglich, nach Eissfeldt, Lied Moses, S. 21). Anders jedoch Sellin, Einl. bis 3. Aufl. 1920 (Aramäergefahr; vgl. dagegen die heftige Polemik Mowinckels, PsSt II, S. 223f.; S. 272, Anm. 1); zu den Deutungsversuchen in der älteren Forschung vgl. die Aufstellung bei Eissfeldt, Lied Moses, S. 16f. Zu Eissfeldts eigenem Verständnis des Nicht-Volkes: Lied Moses, S. 21ff.; vgl. S. 41f.

116 Wright, Israel's Prophetic Heritage, S. 66. Nach Wright (S. 42) ist die Form des Liedes "the divine lawsuit, or rîb". In ihm sind die Früchte der "theological reformulation of the Mosaic covenant tradition", die in der Mitte oder 2. Hälfte des 9. Jh. vorgenommen wurde, erhalten (S. 65). "the covenant lawsuit" ist ursprünglich in nordisraelitischen Traditionen verankert.

117 Eine gewisse Stütze für unsere These ist auch die Beobachtung von Wolff, daß der "Lehreröffnungsruf" (v.1) in starker Beziehung zur Prophetie steht (Wolff, Hosea, S. 122ff. zu Ho 5,1; ohne Erwähnung unserer Stelle).

heit in Anspruch nimmt[118]. Dieser Anspruch wird in dem Lied, das dem als Propheten verstandenen Mose in den Mund gelegt ist, programmatisch begründet (vgl. besonders v.8f.). Als Entstehungszeit kommt nur die Königszeit vor dem Exil in Frage. Es ist undenkbar, daß in einer – in gewisser Weise – geschichtstheologischen Betrachtung das für die israelitische Religionsgeschichte so einschneidende Ereignis der Exilierung übergangen worden sein könnte. Anklänge an Jeremia und die deuteronomistische Terminologie[119] legen eine Datierung nicht allzu lange vor dem Exil, vielleicht sogar die Zeit Jeremias, nahe[120].

Wie das Lied des Mose weist auch der andere Zusammenhang, in dem צור als prädikative Bezeichnung Jahwes, die durch ein pluralisches Nominalsuffix determiniert ist, nämlich Ps 78, einen expliziten Bezug zum Zionsheiligtum und seiner davidischen Tradition auf. Der Text lautet – in der Übersetzung von Eissfeldt[121] – folgendermaßen:

"1 Ein Maskil von Asaph.

Vernimm, mein Volk, meine Weisung,
neigt euer Ohr den Worten meines Mundes!

---

118 Begrich hat in seinem vergleichenden Aufsatz, ZAW 46 (1928) gezeigt, daß das Gottesverhältnis, das sich in den Individualpsalmen des AT ausspricht, in Babylonien nur im Bereich der Schutzgottheiten, nicht aber im Bereich des höchsten Gottes anzutreffen ist (S. 251). Auf dieses Problem auch mündlicher Hinweis von Prof. H. Otten, Marburg. Dt 32,8 scheint mir dieses im Hintergrund stehende Problem zu reflektieren. Das Problem von Dt 32,8f., in dem von uns als ursprünglich angenommenen Text (s.o. S. 52, Anm. 114), läßt sich also gut im Horizont der religiösen Umwelt des vorexilischen Israel, und nicht erst des Juda der Perserzeit, verstehen; gegen Meyer, Verb. u. Heimkehr, S. 202f.
119 So Gunkel, RGG² IV, S. 535; vgl. Hauri, Moseslied, S. 74f.; v. Rad, Deut., S. 141; S. 143
120 So Gunkel, RGG² IV, S. 535; Baumann, VT 6 (1956), S. 422 erwägt die Entstehung des Liedes in der Zeit Manasses; Winter, ZAW 67 (1956), der Dt 32,1–47 in 2 ursprünglich selbständige Lieder (ein älteres Preislied: 1–3, – 4; "Fels" wäre aus dem jüngeren eingetragen –, 8 – LXX –, – Vers ausgefallen –, 9–14, – 15; zusammengesetzt –, 43ab – LXX – und ein jüngeres Scheltlied: 5–7, 15 – Teile –, 16 – Urgestalt; in der 3. und 4. Zeile dem älteren angepaßt –, 17, 18, 19 – mit Zusatz des Bearbeiters –, 20–29, 30–42 – bes. in 30–34 mit editor. Nachbesserungen zu rechnen –, 43cd – LXX –) zerlegt (S. 46), datiert das jüngere Lied, in dem צור als Gottesbezeichnung auftritt, in die Zeit knapp vor dem Exil (S. 45).
Zu allen anderen Datierungsversuchen vgl. die Zusammenstellung bei Eissfeldt, Lied Moses, S. 16f. (Spätdatierung) und S. 21 (Frühdatierung); vgl. S. 24 und S. 42 Eissfeldts eigene Datierung.
121 Lied Moses, S. 26ff.; textkritische Begründung dort

2 Ich will öffnen in einem Spruch meinen Mund,
verkünden Rätsel aus der Vorzeit.
3 Was wir gehört und erfahren
und unsere Väter uns erzählt,
4 nicht verhehlen wir's ihren Söhnen,
dem kommenden Geschlecht erzählend
die Ruhmestaten Jahwes und seine Stärke
und seine Wunder, die er getan hat.
5 Er richtete auf ein Zeugnis in Jakob,
und eine Weisung setzte er in Israel,
die er gebot unseren Vätern,
sie kundzutun ihren Söhnen,
6 daß es erführe das kommende Geschlecht,
die Söhne, die noch geboren werden,
daß sie aufständen und es erzählten ihren Söhnen
7 und sie auf Jahwe ihr Vertrauen setzten
und nicht vergäßen die Taten Gottes
und seine Gebote hielten,
8 und nicht wären wie ihre Väter,
ein störrisches und trotziges Geschlecht,
ein Geschlecht, das nicht sein Herz gefestigt hat
und dessen Geist nicht treu ist bei Gott.

9 Die Ephraimiten, trefflich gerüstete Bogenschützen,
mußten fliehen am Tage der Schlacht.
10 Nicht bewahrten sie den Bund Jahwes,
und in seiner Weisung weigerten sie sich zu gehen,
11 und sie vergaßen seine Taten
und seine Wunder, die er sie sehen ließ.
12 Vor ihren Vätern tat er Wunder
im Lande Ägypten, im Gefilde von Tanis.
13 Er spaltete das Meer und führte sie hindurch
und richtete das Wasser auf wie einen Wall,
14 er leitete sie als Wolke am Tage
und die ganze Nacht als Feuerschein,
15 er spaltete Felsen in der Wüste
und gab wie Fluten reichlich zu trinken,
16 ließ hervorquellen Rinnsale aus dem Gestein
und herabfließen wie Ströme Wasser.

17 Aber sie sündigten noch weiter gegen ihn,

indem sie trotzten dem Höchsten in der Steppe,
18 und versuchten Gott in ihrem Herzen,
indem sie Speise verlangten für ihr Gelüst,
19 und redeten gegen Jahwe, sprachen: Kann Gott
einen Tisch decken in der Wüste?

20 Ja, er schlug den Felsen, daß Wasser flossen
und Bäche sich ergossen,
kann er aber auch Brot geben
oder Fleisch seinem Volke bereiten?
21 Das hörte nun Jahwe, und er ward zornig,
und Feuer entbrannte gegen Jakob,
ja, Zorn erhob sich gegen Israel.
22 Denn nicht glaubten sie Jahwe,
und nicht vertrauten sie auf seine Hilfe.
23 Da gab er den Wolken droben Befehl,
und die Tore des Himmels tat er auf
24 und ließ herabregnen auf sie Manna zum Essen,
und Himmelskorn gab er ihnen.
25 Engels-Brot aß jedermann,
Speise schickte er ihnen in Fülle.
26 Er ließ den Ostwind am Himmel hervorbrechen,
führte in seiner Kraft den Südwind herbei
27 und ließ regnen auf sie wie Staub Fleisch
und wie Sand am Meer Geflügel,
28 ließ es in seinem Lager niederfallen,
rings um seine Wohnungen.
29 Und sie aßen und wurden ganz satt,
und ihr Begehr gab er ihnen.
30 Nicht ließen sie ab von ihrem Begehr,
obwohl ihre Speise noch in ihrem Munde.
31 Da erhob sich der Zorn Jahwes gegen sie,
er würgte unter ihren Recken
und streckte nieder die Jungmannschaft Israels.
32 Bei alledem sündigten sie weiter
und glaubten nicht seinen Wundertaten.
33 So ließ er dahinschwinden in Flüchtigkeit ihre Tage
und ihre Jahre in Schrecken.
34 Wenn er sie würgte, suchten sie ihn
und fragten wieder nach Gott
35 und dachten dran, daß Jahwe ihr Fels sei

und der höchste Gott ihr Erlöser;
36 sie schmeichelten ihm mit ihrem Munde,
und mit ihrer Zunge betrogen sie ihn,
37 aber ihr Herz war nicht fest bei ihm,
und nicht waren sie treu in seinem Bunde.
38 Doch er, der Barmherzige, vergab die Schuld
und schickte kein Verderben,
hielt oft zurück seinen Zorn
und ließ nicht aufkommen seinen vollen Grimm,
39 dachte dran, daß sie Fleisch sind,
ein Wind, der dahingeht und nicht wiederkehrt.
40 Wie oft trotzten sie ihm in der Wüste,
betrübten ihn in der Einöde!
41 Immer wieder versuchten sie Gott
und kränkten den Heiligen Israels.
42 Nicht gedachten sie seiner Hilfe,
des Tages, da er sie erlöst vom Feind,
43 da er tat in Ägypten seine Zeichen
und seine Warnungen im Gefilde von Tanis.
44 Er wandelte zu Blut ihre Nile
und ihre Rinnsale, daß sie nichts zu trinken hatten,
45 sandte gegen sie die Bremse, die sie fraß,
und den Frosch, der sie verdarb,
46 und gab der Heuschrecke ihren Ertrag
und ihre Ernte der Schabe.
47 Er vernichtete durch Hagel ihren Weinstock
und ihre Sykomoren durch Schloßen
48 und gab preis dem Hagel ihr Vieh
und ihre Herden den Blitzen.
49 Er sandte gegen sie die Glut seines Zornes,
Grimm und Unmut und Not,
eine Schar von Boten des Unheils.
50 Er bahnte seinem Zorn einen Pfad,
bewahrte nicht vor dem Tod ihre Seele
und gab ihr Leben der Pest preis
51 und schlug alle Erstgeburt in Ägypten,
den Erstling der Manneskraft in den Zelten Hams.
52 Aber sein Volk ließ er aufbrechen wie Schafe,
leitete sie wie eine Herde in der Wüste,
53 führte sie sicher, daß sie nicht bangten,

während ihre Feinde das Meer begrub.
54 Er brachte sie in sein heiliges Gebiet,
das Bergland, das seine Rechte erworben,
55 vertrieb vor ihnen Völker,
wies ihnen durchs Los ihren Besitz zu
und ließ wohnen in ihren Zelten die Stämme Israels.
56 Doch sie versuchten trotzig Jahwe, den Höchsten,
und hielten nicht seine Satzungen,
57 wandten sich ab und wurden treulos wie ihre Väter,
schnellten herum wie ein trügerischer Bogen,
58 ärgerten ihn durch ihre Höhen,
und durch ihre Götzen reizten sie ihn.
59 Jahwe vernahm's und ward zornig
und empfand starken Abscheu gegen Israel.
60 So verwarf er die Wohnung von Silo,
das Zelt, das er aufgeschlagen unter den Menschen,

61 und gab in Gefangenschaft seine Stärke
und seine Zier in Feindes Hand,
62 überlieferte dem Schwert sein Volk
und ward zornig gegen sein Erbe.
63 Seine Jünglinge fraß Feuer,
und seinen Jungfrauen erscholl kein Gesang.
64 Seine Priester fielen durchs Schwert,
und seine Witwen durften nicht weinen.

65 Da erwachte wie ein Schlafender Jahwe,
wie ein Held, der vom Wein betäubt war.
66 Er schlug seine Feinde zurück,
tat ihnen an ewige Schmach.
67 Aber er verwarf das Zelt Josephs
und erwählte nicht den Stamm Ephraim.
68 Er erwählte vielmehr den Stamm Juda,
den Berg Zion, den er lieb gewann.
79 Er baute wie den Himmel sein Heiligtum,
wie die Erde, die er für die Ewigkeit gegründet.
70 Er erwählte seinen Knecht David
und holte ihn von Schafhürden.
71 Von der Hut säugender Tiere brachte er ihn her,
zu weiden sein Volk Jakob
und Israel, sein Erbe,

72 und er weidete sie mit lauterem Herzen,
und mit kluger Hand führte er sie."

Trotz der gesicherten Annahme, daß Ps 78 eine besonders enge Beziehung zum Zionsheiligtum und seiner davidischen Tradition aufweist, wird die Bestimmung des Sitzes im Leben erschwert durch die Tatsache, daß der Psalm in bewußter Komposition und Gliederung Material verschiedener Traditionen im Interesse seiner Aussage verarbeitet[122]. Der Versuch einer Datierung und einer genaueren Bestimmung des Ortes des Psalms kann deshalb nur nach einer Analyse gewagt werden, der es gelingt, die bewußt gliedernde und verbindende Hand des Verfassers nachzuweisen.

In der Forschung wurde zwar oft festgestellt, daß in Ps 78 verschiedene Traditionen (deuteronomisch-deuteronomistisch gestaltete David- und Zionstradition neben pentateuchischen Traditionen über Heilstaten in Ägypten in Verbindung mit dem Wüstenzug und eine besondere Betonung der Thora in v.5ff.)[123] wirksam sind, aber die Frage, in welcher Weise diese Traditionen aufgenommen und einander zugeordnet sind, blieb offen. Offenbar rechnete man damit, daß der Verfasser den man unter dem Einfluß dieser Tradition stehend denkt, den Psalm schöpferisch gedichtet hat, so daß die ihn bestimmenden Traditionen nur indirekt zu Wort kommen. Dagegen sprechen die folgenden Beobachtungen:

1) Die oben erwähnten Traditionen sind weitgehend auf voneinander deutlich abgehobene Textabschnitte verteilt.

2) Es läßt sich eine bewußte, diese Textabschnitte nach einem deutlich aufweisbaren Schema kombinierende Hand nachweisen. Die "deuteronomische" oder "deuteronomistische" Tradition ist bestimmend in den Abschnitten v.5–10 und v.57ff., während in dem sonstigen Psalm besonders qualifizierte Traditionen der Themata "Wunder in Ägypten" und "Wüstenzug" behandelt werden.

Nach "doppelter Einführung", die in der Erwähnung der Niederlage[124] und Verschuldung der Ephraimiten zu einem vorläufigen Ziel kommt, beginnt

---

122 vgl. Eissfeldt, Lied Moses, S. 34ff., der zu Recht den Aufbau aus zwei parallelen Teilen feststellt. Die Probleme, auf die Löhr, Psalmenstudien, S. 10ff. (Auffüllung des Textes) und Gunkel, Psalmen, S. 341 (Wiederholungen im Text) aufmerksam gemacht haben, finden ihre Erklärung, wenn man die Art der Komposition des Psalms erkennt.

123 Gunkel, Psalmen, S. 340f.; Kraus, Psalmen, S. 539; Schildenberger, Junker-Festschrift, S. 240ff.; Junker, Bibl 34 (1953), S. 500

124 Zur Kritik an v.9 s.u. S. 61, Anm. 127

nach Überleitung durch v.11, der durch eine formelhafte Betonung des Sündigens oder fortgesetzten Sündigens (נסה ;מרה ;חטא) in v.17f.32.40–41.56 gegliederte Hauptteil, der in zwei in der Struktur nahezu parallelen Teilen[125] folgendes Aufbauschema aufweist:

Hauptteil A

a) Wunder in Ägypten und im Gefilde von Zoan; Meerwunder; Wunder in der Wüste (12–16)

ba) Sündigen der Väter (formelhaft) (נסה ;מרה ;חטא) (17, 18a)

bb) Sündigen der Väter und Reaktion Jahwes (konkret) (18b–31)

bc) Sündigen der Väter (formelhaft) (חטא) (32)

bd) Reaktion Jahwes (negativ); Verhalten der Väter; Verhalten Jahwes (bedingt positiv) (der ganze Absatz formelhaft schematisierend) (33 bis 39)

c) Sündigen der Väter (formelhaft; jedoch zerdehnt) (נטה ;מרה) (40–42)

Hauptteil B

a) Wunder in Ägypten und im Gebiet von Zoan; Plagen (ausführlich); Wüstenführung; Landnahme (43–55)

ba) Sündigen der Väter (formelhaft) (נסה ;מרה) (56a)

bb) Sündigen der Väter – speziell der Ephraimiten – und negative Reaktion Jahwes (konkret) (56b–64)

bc) Reaktion Jahwes – bedingt? – positiv (konkret) (65–72)

Es liegt nahe, in den kurzen formelhaften und schematisierenden Stücken redaktionelle Arbeit[126] zu sehen, durch die ursprünglich nicht miteinander verbundene Teile in einen neuen Sinnzusammenhang gestellt wurden. Es ist allerdings fraglich, ob der Verfasser dieses Gliederungsprinzip von Heil-

---

125 vgl. S. 59, Anm. 122
126 Wobei unter redaktioneller Arbeit regelrechte Verfasserarbeit im antiken Sinn verstanden wird; vgl. dazu Würthwein, Ich der Psalmen

stat Gottes und Verschuldung des Volkes selber entworfen oder schon in einer der von ihm übernommenen Traditionen vorgefunden hat.

In v.17f. ist die abstrakte Erwähnung des Sündigens und Gott-versuchens des Volkes mit dem nachfolgenden konkreten Kontext unmittelbar verklammert, während die Frage offen bleibt, woran die Feststellung, daß Israel in der Wüste fortgesetzt gesündigt hat, anschließt. Im jetzigen Zusammenhang müßte es auf das Tun der Ephraimiten v.9ff. bezogen werden. Diese Schwierigkeit kann nicht durch — willkürliche[127] — literarkritische Operationen "behoben"[128] werden. Sie ist ein Indiz dafür, daß v.17f. schon vor der Komposition des Psalms zusammen mit v.20–30 — wahrscheinlich auch mit v.12–16 — in einem nach dem Schema Heilstat / Sünde des Volkes / Reaktion Jahwes gegliederten Zusammenhang stand, dessen vorangehende Glieder der Verfasser von Ps 78 abgebrochen und durch v.5–10 ersetzt hat. Die relativ knappe und mit dem nachfolgenden Kontext gut verbundene Formel von v.17f. mit den Termini נסה ;מרה ;חטא ist in v.32 (חטא) und v.40 bis 42 (נסה ;מרה) aufgebrochen, um einerseits zu dem wieder bei den Wundern vor den Vätern in Ägypten und im Gebiet von Zoan einsetzenden zweiten parallelen Teil überzuleiten und um andererseits die formelhafte, theoretisch-abstrakte Betrachtung v.33–39 innerhalb des Kompositionsschemas aufnehmen zu können. Dabei wurde auch die Formel selbst erweitert. Die theoretische Betrachtung v.33–39 und die Erweiterung der Formel v.32.40–42 setzen die Kenntnis deuterojesajanischen Gedankengutes voraus (ישראל קדוש ; גאל [129]; יד)[130], beziehen sich aber nach Ausweis des sprachlichen Befundes auch auf andere Traditionen. Die parallele Zuordnung von Formen der Stämme מרה und עצב II begegnet nur noch in Js 63,10 innerhalb der — Geschichte reflektierenden — hymnischen Einleitung des Volksklageliedes 63,7–64,11, die in den

---

127 vgl. die Zusammenstellung bei Eissfeldt, Lied Moses, S. 31ff. und vor allem Eissfeldts zutreffende Bewertung dieser Vorschläge

128 Kittel, Psalmen, S. 291; Nötscher, Psalmen, S. 154; Baethgen, Psalmen, S. 244; Eerdmans, OTS XIV, z.St.; vgl. Hupfeldt, Psalmen (1888), S. 267 und Hitzig, Psalmen, S. 161f.; Kraus, Psalmen, S. 538 entfernen v.9; Gunkel, Psalmen, S. 343 und Briggs, Psalmen II, S. 182f. ändern den Text so, daß die Erwähnung der Ephraimiten entfällt. Castellino, Libro dei Salmi, S. 885 versetzt v.9 – in richtiger Erkenntnis einer sachlichen Zusammengehörigkeit – nach v.57

129 Stamm, Erlösen und Vergeben, S. 142 macht darauf aufmerksam, daß פדה und גאל einerseits, סלח und כפר andererseits nur bei Deuterojesaja in Verbindung vorkommen.

130 Gewiß ist קדוש ישראל ein jesaianischer Begriff. Aber die Koordination mit גאל verweist eindeutig auf deuterojesaianische Theologie; Schildenberger, Junker-Festschrift, S. 233

Strukturelementen eine gewisse Verwandtschaft zum Aufbau von Ps 78, speziell auch zur theoretischen Betrachtung von v.32ff. aufweist[131]. In den Bereich der Weisheit verweisen v.33 (הבל) und v.34 (שׁחר)[132].

כפר ist ein Terminus der priesterlichen Sphäre. Mit großer Sicherheit sehen wir in v.32—42 die Hand des Verfassers, der den ganzen Psalm konzipiert hat, am Werk. Denn die in diesem sich durch seinen formelhaft-theoretischen Charakter ohnehin als Redaktionsarbeit verratenden Abschnitt festgestellte Vermischung der verschiedensten (in der Exilszeit) wirksamen Traditionen ist in jedem Fall jünger als die in den Psalm geschlossen eingefügten Traditionsblöcke und zeugt für eine gewisse Verwandtschaft zur sogenannten levitischen Predigt[133].

V.56 verknüpft unter teilweiser Aufnahme der Formel von v.17f. (נסה; מרה) in v.56a das Quellenstück über die Heilstaten in Ägypten bis zur Landnahme (v.43—55) mit dem aus der deuteronomisch-deuteronomistischen Tradition stammenden Abschnitt v.57—72. Es ist zu fragen, ob v.56b vom Redaktor selbst in bewußter Anlehnung an die deuteronomisch-deuteronomistische Tradition gebildet wurde, oder ob der Halbvers einmal mit dem in der redaktionellen Verknüpfung der Abschnitte v.5—10 und v.12—16 in v.11 stehenden Halbvers 11a ursprünglich in einem vom Redaktor bewußt gelösten Zusammenhang gestanden hat. Der sich ergebende gute parallelismus membrorum spräche ebenso dafür wie die sachliche Verwandtschaft der Abschnitte v.5—10 (11a) und v.(56b)37—72. V.11b wäre dann im Blick auf die in v.12—16 herrschende Terminologie gestaltete redaktionelle Überleitung.

Die (erste) Einleitung v.1—4 ist zur Verknüpfung der im Psalm aufgenommenen zwei Traditionsrichtungen gebildet worden. Durch vermischte Aufnahme von Begriffen, die jeweils für eine Gruppe der eingearbeiteten Traditionsstücke charakteristisch sind (תורה; נפלאת), sowie durch eine ausgeprägte weisheitliche Terminologie (besonders v.2) erweist sie sich gegenüber den eingebauten Traditionselementen als sekundär. Es spricht nichts

---

131 Die Herleitung dieses Liedes von einem Kultpropheten aus der Mitte des 6. Jh. (Fohrer, Einl., S. 424f.) dürfte zutreffend sein.

132 Allerdings spricht – gerade im Blick auf v.9 und auf v.57ff. – einiges für die Vermutung, daß der Verfasser mit שׁחר direkt auf Ho 5,15 anspielt. Sogar inhaltliche Gründe würden dem nicht widersprechen. Ob שׁחר bei Hosea schon in weisheitlichem Sinn verstanden werden kann (Wolff, Hosea, S. 148), ist natürlich zu fragen. Zur Praxis der Bezugnahme späterer Literatur des AT auf andere frühere Textstellen: v. Rad, Lev. Predigt, S. 122ff.

133 Zur Charakterisierung der "levitischen Predigt": v. Rad, Lev. Predigt, S. 122ff.

dagegen, sie als bewußte Kompositionsarbeit des Verfassers von Ps 78 anzusehen. Das Ergebnis der redaktionsgeschichtlichen Analyse können wir in der folgenden Gliederung zusammenfassen (wobei wir die Traditionen über Ägypten und Wüstenzeit mit Q1/2, die deuteronomisch-deuteronomistischen Traditionselemente mit D und den Verfasser des Psalms mit R bezeichnen):

$$
\begin{aligned}
&\text{v.1--4} &&\ldots\ldots\ldots \text{R} \\
&\text{v.5--10 (11a)} &&\ldots\ldots \text{D} \\
&\text{v.(11a) 11b} &&\ldots\ldots \text{R } (\to \text{Q}) \\
&\text{v.12--16} &&\ldots\ldots \text{Q}^1 \\
&\text{v.17--18} &&\ldots\ldots \text{RQ}^1 \\
&\text{v.19--31} &&\ldots\ldots \text{Q}^1 \\
&\text{v.32--42} &&\ldots\ldots \text{R} \\
&\text{v.43--55} &&\ldots\ldots \text{Q}^2 \\
&\text{v.56a (56b)} &&\ldots\ldots \text{R } (\to \text{D}) \\
&\text{v.(56b) 57--72} &&\ldots\ldots \text{D}
\end{aligned}
$$

Die beiden vom Verfasser aufgenommenen deuteronomisch-deuteronomistischen Traditionsstücke lassen sich nahtlos zu einer Mahnpredigt zusammenfügen, die das Handeln Gottes an der Verwerfung des Hauses Joseph sowie der Kultstätte in Silo und der Erwählung Davids und des Zion grundsätzlich exemplifiziert[134]:

5 Er richtete auf ein Zeugnis in Jakob,
und eine Weisung setzte er in Israel,
die er gebot unseren Vätern,
sie kundzutun ihren Söhnen,
6 daß es erführe das kommende Geschlecht,
die Söhne, die noch geboren werden,
daß sie aufständen und es erzählten ihren Söhnen
7 und sie auf Jahwe ihr Vertrauen setzten
und nicht vergäßen die Taten Gottes
und seine Gebote hielten
8 und nicht wären wie ihre Väter,
ein störrisches und trotziges Geschlecht,
ein Geschlecht, das nicht sein Herz gefestigt hat
und dessen Geist nicht treu ist bei Gott.
9 Die Ephraimiten, trefflich gerüstete Bogenschützen,
mußten fliehen am Tage der Schlacht.

---

134 Text nach Eissfeldt, Lied Moses, S. 26ff.

10 Nicht bewahrten sie den Bund Jahwes,
und in seiner Weisung weigerten sie sich zu gehen,
11 und sie vergaßen seine Taten
. . . .
56 . . . .
und hielten nicht seine Satzungen,
57 wandten sich ab und wurden treulos wie ihre Väter,
schnellten herum wie ein trügerischer Bogen,
58 ärgerten ihn durch ihre Höhen,
und durch ihre Götzen reizten sie ihn.
59 Jahwe vernahm's und ward zornig
und empfand starken Abscheu gegen Israel.
60 So verwarf er die Wohnung von Silo,
das Zelt, das er aufgeschlagen unter den Menschen,
61 und gab in Gefangenschaft seine Stärke
und seine Zier in Feindes Hand,
62 überlieferte dem Schwert sein Volk
und ward zornig gegen sein Erbe.

63 Seine Jünglinge fraß Feuer,
und seinen Jungfrauen erscholl kein Gesang.
64 Seine Priester fielen durchs Schwert,
und seine Witwen durften nicht weinen.
65 Da erwachte wie ein Schlafender Jahwe,
wie ein Held, der vom Wein betäubt war.
66 Er schlug seine Feinde zurück, tat ihnen an ewige Schmach.
67 Aber er verwarf das Zelt Josephs
und erwählte nicht den Stamm Ephraim.
68 Er erwählte vielmehr den Stamm Juda,
den Berg Zion, den er lieb gewann.
69 Er baute wie den Himmel sein Heiligtum,
wie die Erde, die er für die Ewigkeit gegründet.
70 Er erwählte seinen Knecht David
und holte ihn von Schafhürden.
71 Von der Hut säugender Tiere brachte er ihn her,
zu weiden sein Volk Jakob
und Israel, sein Erbe,
72 und er weidete sie mit lauterem Herzen,
und mit kluger Hand führte er sie

Bei der Interpretation dieses Zusammenhangs müssen besonders die Verse 9 und 57 beachtet werden[135]. Es fällt auf, daß sie ihre – freilich gegensätzliche – Entsprechung (im Zusammenhang des Josephssegens) in Gen 49,24 haben[136]. Die zunächst unverständliche Ausdrucksweise in Ps 78,9.57 ist gut zu verstehen, wenn man den ganzen Abschnitt v.5–10 (11a). (56b) 57–72 als einen bewußten Versuch der Bewältigung des mit dem Untergang des Nordreichs gegebenen Problems der Wirksamkeit der heilsgeschichtlichen Traditionen auffaßt. Daß der Josephssegen in seiner jetzt prophetisch erweiterten Form[137] eine geschichtstheologische Reflexion innerhalb der Jahwereligion geradezu verlangt, liegt auf der Hand. Die in v.5–10 (11a). (56b) 57–72 vorliegende als Mahnpredigt stilisierte Reflexion stellt sich dem Problem der Gültigkeit der heilsgeschichtlichen Tradition Israels offenbar im Blick auf eine akute Bedrohung des durch Zions- und Davidstradition gesicherten judäischen Staates. Der Verfasser klammert sich aufgrund historischer Betrachtungen an die Gültigkeit dieser Traditionen, nachdem er die Unwirksamkeit der nordisraelitischen Traditionen im Versagen der Verheißungsträger begründet sieht. Wegen des deuteronomisch-deuteronomistischen Klangs der Sprache wird man die vorliegende Reflexion kurz vor dem Untergang Jerusalems und Judas (587) ansetzen müssen[138].

Die anderen vom Verfasser des Ps 78 verarbeiteten Traditionen sind schwerer zu lokalisieren, da sie offenbar nur fragmentarisch bei der Komposition des Psalms erhalten geblieben sind. Die in unserer Übersicht[139] mit Q^1 bezeichneten Quellenstücke scheinen dem Verfasser schon in einem 'geschichtstheologisch' gegliederten Zusammenhang vorgelegen zu

---

135 vgl. Eissfeldt, Lied Moses, S. 33, der die konstitutive Bedeutung des v.9 für das Verständnis – allerdings – des ganzen von ihm im wesentlichen traditionsgeschichtlich einheitlich gedeuteten Psalms betont.

136 Der Text der LXX.

137 Zur ursprünglichen Form vgl. Gunneweg, ZAW 76 (1964), S. 249ff.; zur Erweiterung als – wohl am Jahweheiligtum in Bethel lokalisierte – Prophetie: Lindblom, VTS I, S. 81f.

138 oder vielleicht auch kurz nach dem Untergang Jerusalems; der Verfasser würde dann ein ähnliches Eingreifen Jahwes zu Gunsten Jerusalems und der Davididen erwarten wie nach der Niederlage Israels, die zum Ende von Silo und später zum Aufstieg Jerusalems und der Davididen führte. Zu dieser Datierung vgl. auch Fohrer, Einl., S. 314. Fohrer datiert von diesen deuteronomisch-deuteronomistischen Passagen ausgehend freilich den ganzen – als Einheit verstandenen – Psalm in diese Zeit.

139 s.o.S. 63

haben[140]. Der mit Q^2 bezeichnete Abschnitt kann wegen seines weithin zu Q^1 parallelen Inhalts nicht in diesem gegliederten Zusammenhang gestanden haben. Seine Sprache und seine Vorstellungen weisen jedoch auf den gleichen Traditionskreis wie Q^1, in dem wahrscheinlich spezielle Traditionen über die Themen: Wunder in Ägypten und im Gefilde von Zoan, Wüstenführung bis hin zur Landnahme überliefert wurden. Es ist zu beachten, daß in Einzelpunkten die hier vorliegende Tradition Parallelen zu Deuterojesaja oder zu einem im Rahmen des tritojesajanischen Kontextes überlieferten Stück bietet (נהג – Pi für das Leiten des Volkes durch Gott: Js 49,10; 63,14[141];[142] und Wasser aus dem Felsen: Js 48,21)[143].

Der Verfasser des Ps 78 (R) hat die Mahnpredigt v.5—10 (11a). (56b) 57—72 aufgespalten und unter Aufnahme des fragmentarischen Materials Q^1 und Q^2 unter konsequenter Benutzung des aus Q^1 übernommenen Gliederungsprinzips und bei gleichzeitiger Bildung des formelhaft-theoretischen Abschnitts (v.32—42) sowie der ersten Einleitung (v.1—4) einen Zusammenhang komponiert, der in zwei parallelen Teilen die Struktur aufweist: Heilshandeln Jahwes, Sünde des Volkes, Gericht Jahwes, wobei zu beachten ist, daß das Gericht Jahwes nicht als endgültig vernichtend angesehen wird. Im ersten Teil begründet das der Verfasser damit, daß das Volk in Jahwes Augen Fleisch ist, Wind, der weht und nicht zurückkehrt (v.39). Im zweiten Teil wird dieses durch das Gericht hindurch positive Handeln an der Verwerfung Ephraims und Silos, zugleich aber der Erwählung des Zion und Davids, mit Worten konkretisiert, die geradezu als Aktualisierung des Judaspruches Gen 49,8—12 verstanden werden können.

Die Arbeit des Verfassers, über dessen theologischen Horizont der Abschnitt v.32—42 natürlich den besten Aufschluß gibt, setzt die Kenntnis einer Reihe in der Zeit des Exils lebendiger Traditionen, besonders aber deuterojesajanischen Gedankengutes voraus[144]. Da er in der Komposition

---

140 s.o. S. 61; vgl. auch den Rahmen des Richterbuches (vgl. dazu Beyerlin, Gattung und Herkunft des Rahmens im Richterbuch, S. 1ff.) und bes. den diesem Rahmen vorangestellten (Beyerlin, Gattung und Herkunft des Rahmens im Richterbuch, S. 25) Abschnitt Ri 2,11—19

141 vgl. zu Js 63,7ff.; oben S. 61f.

142 Offenbar ist diese Vorstellung Ausdruck des Selbstverständnisses im Wirkungsbereich der Zionstradition; vgl. Ps 48,10. Indirekt wird das auch durch die Aussage von Dt 4,27 belegt. Dort ist נהג-Pi wohl an der positiven kultischen Aussage spiegelbildlich ausgerichteter Terminus des Gerichtes.

143 Zu dieser Vorstellung vgl. auch Ps 105,14 und Ps 114,8, die eine gewisse Verwandtschaft mit dem Q-Material des Ps 78 aufweisen; vgl. Dt 8,15; Ex 17,6.

144 vgl. oben S. 61

des ganzen Psalms zum Ausdruck bringt, daß das Gericht Jahwes niemals radikal vernichtend ist, sondern eine bedingt positive Wende kennt (v.39; v.65−72)[145], erwartet er entweder ein der Erwählung des Zion und Davids nach der Niederlage Israels und der Zerstörung von Silo analoges Handeln Jahwes unmittelbar in seiner Zeit oder blickt vielleicht schon darauf zurück. Als Entstehungszeit kann nur die Zeit kurz vor oder nach Errichtung des zweiten Tempels angenommen werden[146].

In der vorliegenden Gestalt ist Ps 78 ein eindrucksvolles Lehrgedicht, das unter verknüpfender und gliedernder Aufnahme schon fest geprägt vorliegender Traditionen[147] aktualisiertes Heilshandeln und Thora Jahwes als gegenwärtigen Zuspruch und Anspruch verstehen lehrt. Wie wir das Lied des Mose als programmatisches Lehrgedicht der Kultprophetie am Zionsheiligtum erkannt haben[148], so können wir Ps 78 als programmatisches Lehrgedicht[149] der Kreise verstehen, die im Gottesdienst des zweiten Tempels mit der von v. Rad so genannten "levitischen Predigt"[150] betraut waren.

Damit wird der Versuch Eissfeldts, die Parallelität, die zwischen Dt 32,1−43 und Ps 78 besteht, für die Interpretation der beiden Psalmen fruchtbar zu machen, nachdrücklich gerechtfertigt, obwohl wir in der Frage der Datierung und der Bestimmung des Sitzes im Leben zu anderen Ergebnissen als er gekommen sind. Die Bezeichnung Jahwes als צור steht in dem von dem Verfasser konzipierten Abschnitt v.32−42. Sie ist wohl

---

145 Der Verfasser wertet die Aussagen der von ihm aufgenommenen deuteronomisch-deuteronomistischen Mahnpredigt anders, als deren ursprüngliches Selbstverständnis es zuließ. Im jetzigen Kontext − Verknüpfung mit Ereignissen in Ägypten und der Wüste bis zur Landnahme − wird die Niederlage, die mit der Zerstörung Silos endete, stärker als gesamtisraelitische Katastrophe gewertet, deren Katastrophencharakter durch die Erwählung des Zion und Davids nicht voll kompensiert wird.

146 vgl. zu dieser Ansetzung Gunkel, Psalmen, S. 342; Kraus, Psalmen, S. 540; anders Eissfeldt, Lied Moses, S. 36 (terminus ad quem 930 v.Chr.); Eerdmans, OTS XIV, z.St. (Zeit Davids); Weiser, Psalmen, S. 367f. (vorexilisch); Junker, Biblica 34 (1953), S. 496 (Verfasser Mitarbeiter an der Reform des Josia); Fohrer, Einl., S. 314 (spätvorexilisch − Zugehörigkeit zur deuteronomistischen Schule); für die älteren Datierungsvorschläge vgl. die Aufstellung bei Rothstein, Zeitschrift für Wissenschaftliche Theologie, NF VIII (1900), S. 550ff.

147 Beachte Gunkels Bemerkung über die Verbindung verschiedener Gattungen in den Psalmen, Psalmen, S. 342.

148 s.o.S. 53

149 Kraus, Psalmen, S. 540 spricht geradezu von einer "didaktischen Abhandlung".

150 Levitische Predigt, S. 122ff.; ein später Beleg einer gottesdienstlichen Rekapitulation der Heils- und Verschuldungsgeschichte Israels durch Priester und Leviten liegt in 1QS I 18ff. vor.

einerseits aus der Tradition genommen, andererseits jedoch eindrucksvoller Ausdruck des Selbstverständnisses der Theologie des Verfassers, die sich und die Geschichte Israels in einem Gottesverhältnis versteht, das durch das צור -sein Jahwes qualifiziert wird. Ps 78 expliziert in seiner jetzigen Gestalt formelhaft-theoretisch ein Gottesverhältnis, das sich in Psalmen wie Ps 92 in actu ausspricht.

Wir fassen zusammen: צור als prädikative Bezeichnung Jahwes, die durch pluralische Nominalsuffixe determiniert ist, wird im AT nur in zwei programmatischen Lehrgedichten gebraucht, die jeweils dem Kreis des Jerusalemer Kultpersonals zugeordnet sind, der zu ihrer Zeit und in ihrer Situation institutionell mit der Vermittlung des Willens Jahwes in Zuspruch und Anspruch betraut war[151], dem Kreis der Kultprophetie am Zionsheiligtum nicht lange vor der Exilierung (so Dt 32,1–43) und dem Kreis der Leviten, die im Gottesdienst des zweiten Tempels etwa für die Aktualisierung der Offenbarung Jahwes in der "levitischen Predigt" verantwortlich waren (so Ps 78). Der Gebrauch von צור als Gottesbezeichnung in Dt 32,1–43 und Ps 78 ist jeweils als theoretisch-reflektierender Hintergrund in den oben erhobenen[152] Phasen b und c anzusehen.

4. צור *als prädikative Bezeichnung Jahwes, die durch einen Genitiv determiniert ist*

a) צור, d a s   d u r c h   e i n e n   G e n i t i v   m i t   S u f f i x   d e r   1. P e r s . S g . d e t e r m i n i e r t   i s t[153]

findet sich als Bezeichnung Gottes in Ps 89,27:

> *Er soll mich anrufen: Mein Vater bist du,*
> *mein Gott und Fels meines Heils.*

und Ps 62,8:

> *Auf 'Jahwe'*[154] *(beruht) mein Heil und meine Ehre,*
> *er ist mein schützender Fels (* צור   עזי *).*

In Ps 89,27 ist צור ישועתי zusammen mit אבי und אלי innerhalb der Gottesrede dem erwählten König in den Mund gelegt, um ein ganz spezi-

---

151 D.h. die in Jerusalem wirksamen Bundestraditionen zu aktualisieren hatte.
152 s.o.S. 34
153 Das zweite צור in 2. Sa 22,47 ist nicht ursprünglich. Es ist unter dem Eindruck des ersten צורי eingedrungen; vgl. auch Ps 18,47 und ABH.
154 Im elohistisch redigierten Psalter ist wohl יהוה als ursprünglich anzunehmen.

fisches und enges Gottesverhältnis auszudrücken, das so von einem beliebigen Individuum der Jahwegemeinde nicht unvermittelt ausgesagt werden konnte.

In Ps 62,8 spricht (wahrscheinlich) der Prophet[155] sein unvermitteltes Verhältnis zu Jahwe aus, aufgrund dessen er Vertrauen auf Jahwe anbieten und fordern kann:

> *'Bergt euch' bei 'Jahwe', vertraut auf ihn,*
> *du, ' ' 'ganze Volksgemeinde'.*
> *Schüttet euer Herz vor ihm aus!*
> *'Jahwe' ist uns Zuflucht*[156]*. (v.8bβ.9)*

Das an beiden Stellen vorliegende Verständnis von צור fügt sich in die oben aufgezeigte Entwicklungslinie[157] ein und bestätigt sie. Ps 89,27 gehört zur Stufe a[158], Ps 62,8 zur Stufe b[159].

b) Dreimal wird צור *durch einen Genitiv mit einem anderen Suffix als dem der 1. Pers. Sg. determiniert:*

> *Kommt, laßt uns Jahwe zujubeln,*
> *jauchzen dem Fels unseres Heils.*
> *(Ps 95,1)*
> *'So aß Jakob und wurde satt'*[160]
> *und Jeschurun wurde fett und schlug aus.*
> *– Du wurdest fett, dick und gemästet. –*
> *Er gab den Gott auf, der ihn gemacht hatte*
> *und verachtete den Fels seines Heils.*
> *(Dt 32,15)*

---

155 s.o.S. 38; zur textkritischen Begründung s. A. 43 u. 44
156 Zur textkritischen Begründung dieser Übersetzung s.o. S. 36f., Anm. 41; Anm. 43; Anm. 44
157 s.o.S. 34; vgl. S. 46
158 Das gilt auch dann, wenn die Komposition Ps 89 als ganzes exilischer oder nachexilischer Herkunft sein sollte (Gunkel, Psalmen, S. 396); vgl. dagegen Kraus, Psalmen, S. 617, der die vorexilische Abfassung des Psalms vertritt, ja sogar die spezielle Datierung in die Zeit Josias erwägt, und Mowinckel, PsSt III, S. 37f., der vorexilische Komposition annimmt. Das eingearbeitete Königsorakel gehörte nach Mowinckel zu den Vorlagen des Dichters.
159 s.o.S. 36ff.
160 So ergänzt nach (Samaritanus) LXX.

Denn du hast den Gott deines Heils vergessen
und hast des Felsens deiner Zuflucht nicht gedacht.

(Js 17,10a)

In Ps 95,1 ist die Bezeichnung Gottes als צוּר יִשְׁעֵנוּ im Rahmen einer "prophetischen Liturgie"[161] der in das Heiligtum einziehenden Kultgemeinde in den Mund gelegt[162].

In Dt 32,15 wird im Rahmen eines programmatischen Lehrgedichtes der Kultprophetie[163] die Qualifizierung Jahwes als des Schutzgottes, der allein seinem Volk Heil geben kann (צוּר יְשֻׁעָתוֹ)[164] der Selbstsicherheit und Untreue des Volkes entgegengesetzt. Zur Charakterisierung eines entsprechenden Gegensatzes zwischen Jahwe als Schutzgott und den religiösen Vergehen des Volkes, wahrscheinlich dem Abfall zum Adoniskult, dient צוּר מָעֻזֵּךְ[165] in paralleler Stellung zu אֱלֹהֵי יִשְׁעֵךְ in Js 17,10 im Rahmen eines drohenden Zusammenhangs (Js 17,9—11), der mit Fohrer wohl zu Recht auf die Kultprophetie um 600 zurückgeführt werden muß[166].

Es fällt auf, daß an allen drei Stellen צוּר durch Genitive determiniert ist, die die Heils- und Schutzfunktion Jahwes ausdrücken. Daß dieses Schutz-Sein Jahwes gegenüber seinem Volk ausschließliche Bedeutung hat, kommt in dem anklagenden Gebrauch von צוּר in Dt 32,15 und Js 17,10 zum Ausdruck. Als Ergebnis können wir formulieren: Der Gebrauch von צוּר als prädikative Bezeichnung Jahwes, die durch einen Genitiv mit einem anderen Suffix als dem der ersten Person Singular determiniert ist, hebt sich in charakteristischer Weise von der Bezeichnung Jahwes als צוּר, die durch einen Genitiv mit Suffix der ersten Person Singular determiniert ist, ab:

161 vgl. bes. Gunkel, Einl., § 11; Psalmen, S. 417; Mowinckel, PsSt II, S. 152; Kraus, Psalmen, S. 660
162 Die im Ps 95 wirksamen Traditionen lassen auf den Tempel in Jerusalem als Ort der Aufführung der Liturgie schließen. Vorexilische Abfassung ist wahrscheinlich (Kraus, Psalmen, S. 661; vgl. Nötscher, Psalmen, S. 192).
163 vgl. zu dieser Erklärung von Dt 32,1—43 oben S. 53
164 Diese Interpretation wird durch die im parallelismus membrorum stehende Bezeichnung Jahwes als des Schöpfers seines Volkes gestützt.
165 "Deshalb magst du Adonisgärten (vgl. Kö, S. 622) pflanzen und Reben eines Fremden stecken, am Tage, an dem du pflanzt, ziehst du es groß, am Morgen, an dem du setzt, bringst du es zum Blühen: Dahin ist (lies statt נֵד נַד von נדד) die Ernte am Tage des Siechtums und des unheilbaren Schmerzes". (10b.11)
Aus der Konfrontation mit dem Adoniskult erklärt sich das im ganzen Zusammenhang durchgehaltene Suffix der 2. Pers. Sg. Fem.
166 Fohrer, Jesaja I², S. 216f.; vgl. Fohrer, Einl., S. 406; anders z.B.: Eissfeldt, Einl., S. 421; Duhm, Jesaja, S. 134f.; Procksch, Jesaja, S. 230ff.; Eichrodt, Jesaja 13—23, 28—39, S. 53ff.

War צור, das durch einen Genitiv mit Suffix der ersten Person Singular determiniert wird, Ausdruck des Gottesverhältnisses des königlichen oder prophetischen Mittlers, so dient צור, das durch einen Genitiv mit einem anderen Suffix als dem der ersten Person Singular determiniert ist, zur Charakterisierung des idealen Gottesverhältnisses des Volkes[167] in Zusammenhängen, die ganz von dem prophetischen Mittler geprägt sind. Die drei untersuchten Stellen gehören demnach bestätigend der Phase b an.

c) צור, *das durch einen Genitiv ohne Suffix expliziert wird*, begegnet als Bezeichnung Jahwes

2. Sa 23,3a:

> *(Der Geist des Herrn redet in mir,*
> *sein Wort ist auf meiner Zunge.)*
> *Gesprochen hat der Gott 'Jakobs'*[168]*,*
> *zu mir geredet der Fels Israels.*

Js 26,4:

> *Vertrauet auf Jahwe bis in Ewigkeit,*
> *denn ' '*[169] *Jahwe ist ein ewiger Fels!*

Js 30,29:

> *Das Lied werdet ihr singen*
> *wie in der Nacht der Festweihe;*
> *Herzensfreude wird euch erfüllen wie den, der zur Flöte ein-*
> *herschreitet*
> *zu wallen (auf den Berg Jahwes)*[170] *zum Fels Israels.*

צור ישראל als Bezeichnung Jahwes wird in 2. Sa 23,3 dem sterbenden, und damit als in besonderem Maße geistbegabt gedachten[171] David in den Mund gelegt. Der Abschnitt 2. Sa 23,3ff., der sicher nicht auf David selbst

---

167 Das gilt besonders für die beiden Stellen, wo das frevelhafte Verhalten an dem idealen Verhältnis gemessen wird: Dt 32,15 und Js 17,10
168 So mit einer altlateinischen Randlesart des Kodex Legionensis.
169 ביה ist zu streichen (Dittogr.); vgl. LXX und Js 12,2
170 בהר יהוה ist als erklärende Glosse zu streichen
171 vgl. z.B. Gen 27 (Isaak), Gen 49 (Jakob), Dt 33 (Mose). Überhaupt ist eine gewisse Parallelität zwischen Moselied und Mosesegen auf der einen und dem Königspsalm 2. Sa 22 = Ps 18 und den letzten Worten Davids auf der anderen Seite nicht zu verkennen. Zu der oft festgestellten stilistischen Beziehung zu dem 3. und 4. Bileamspruch (Nu 24) vgl. Hertzberg, Samuel, S. 330.

zurückgeht[172], ist kein Königspsalm im eigentlichen Sinn[173]. Der ganze Abschnitt — selbst das explizit angeführte Gottesorakel — wirkt theoretisch reflektierend. Er ist eine — weisheitliche Redeformen aufnehmende[174] — bewußte "prophetische Deutung dessen, was David war und erfuhr"[175]. Zur welchem Zweck diese Deutung abgefaßt wurde, zur Verherrlichung Davids zu oder kurz nach seiner Zeit[176] oder gleichsam als kritisches Modell für einen späteren Davididen ist gegenwärtig nicht sicher zu entscheiden[177].

Für die Untersuchung des Horizontes von צור als Gottesbezeichnung ist interessant, daß sie einem prophetisch redenden König, ja dem König schlechthin, in den Mund gelegt wird. Schließt man sich der Datierung in die davidisch-salomonische Zeit an, so ist der Gebrauch von צור in 2. Sa. 23,3 ein weiterer Beleg für die Stufe a. Die auffallende Zusammensetzung mit Israel ließe sich dann gut als betonte Beanspruchung der Funktion einer vorisraelitischen in Jerusalem verehrten Gottheit für den Jahweglauben verstehen. Versteht man 2. Sa 23,3ff. als kritisches Modell, das aus prophetischer Sicht einem späteren Davididen vorgehalten wird, so ist der Gebrauch von צור Ausdruck der Auseinandersetzung und des Umbruchs der Phasen a und b. In jedem Fall ist 2. Sa 23,3 ein weiterer Beleg für die Erkenntnis, daß צור als Gottesbezeichnung Jahwes im Horizont der Offenbarung Jahwes an eine im Kult hervorragende Person gebraucht wird.

Die singuläre Bezeichnung Jahwes als צור עולמים findet sich in dem jetzt im Zusammenhang der Jesajaapokalypse stehenden, jedoch ursprünglich selbständigen[178], Vertrauen und Dank aussprechenden Liede

---

172 Eissfeldt, Einl., S. 372f.; Mowinckel, Letzte Worte, S. 57 (Zeit Hiskias oder Josias); Fohrer, Einl., S. 244; vorsichtig Hertzberg, Samuel, S. 329ff.; für Echtheit: Gunkel, Einl., § 5,7; vgl. auch Johnson, Sacral Kingship, S. 16ff.; mit Abfassung in der Zeit Davids rechnen: Greßmann, SAT II, 1, S. 185 und offenbar auch v. Rad, Theol. AT I, S. 323.

173 vgl. auch Gunkel, Einl., § 5,7

174 vgl. Mowinckel, Letzte Worte, S. 46ff.; Fohrer, Einl., S. 244; vgl. de Boer, VTS IV, S. 48

175 Hertzberg, Samuel, S. 231

176 s.o. Anm. 172

177 Mowinckel, Letzte Worte, S. 53ff. meint, daß der Dichter einen Davididen seiner Zeit (vielleicht Hiskia oder Josia) verherrlichen will.

178 Fohrer, Einl., S. 404; Fohrer, Jesaja, II, S. 22f.; Plöger, Theokratie, S. 88f.; Henry, Glaubenskrise, S. 186f.; Procksch, Jesaja, S. 322; vgl. Ludwig, Stadt, S. 17ff., der die (im Anschluß an Lohmann) in Frage gestellte Einheitlichkeit des Liedes durch die Interpretation als "kleine Liturgie" (S. 24) wiederherstellt; anders Lindblom, Jesajaapokalypse, S. 40ff.; vgl. Rudolph, Jesaja 24—27, S. 42ff.

Js 26,1—4 in v.4. Die Tatsache, daß dieses Lied sehr stark durch das Nach-wirken der Zionslieder (Ps 46; 48; 76 und 87) geprägt ist und auch sonst starke Anklänge an die kultische Tradition des Jerusalemer Heiligtums enthält (vgl. z.B. Ps 24,7—10)[179], gibt eine weitere Bestätigung für die Ver-mutung, daß die Bezeichnung Jahwes als צור mit dem Zionsheiligtum verknüpft war. Genauere Angaben sind dem schwerlich genauer datierba-ren Lied[180] nicht abzugewinnen, so daß eine Zuordnung zu einer der von uns erhobenen Phasen nicht gewagt werden kann.

Daß der in besonderer Weise mit dem Zionsheiligtum verbundene Jesaja auf die Bezeichnung Jahwes als צור (Js 30,29 צור ישראל)[181] in einem für die Angeredeten positiven Sinn nur in dem das Ende Assurs ansagenden und damit Juda und Jerusalem Heil verkündendem Gedicht zurückgreift (Js 30,27—33)[182], bestätigt eindeutig unsere Horizontbestimmung für צור als Bezeichnung Jahwes. Da die Anrede oder Bezeichnung Jahwe in seiner Schutzfunktion qualifiziert, kann sie nur in einem Heil verheißenden Zusammenhang positiv aufgenommen sein. Es ist bemerkenswert, daß sie auch hier wie z.B. in Ps 18 in einem durch die Theophanie Jahwes be-stimmten Zusammenhang gebraucht wird. Daß Jesaja nicht von seinem Felsen, sondern vom Felsen Israels spricht, hat darin seinen Grund, daß in Js 30,27—33 kein persönliches Gebet des prophetischen Mittlers vorliegt, sondern eine Verkündigung, in der das צור -sein Jahwes der Volksgemein-de angesagt wird, die Jahwe als צור erkennen und im Gottesdienst feiern soll. Der Gebrauch von צור in Js 30,29 ist ein Beleg für die Phase b.

Wir fassen zusammen: Die Untersuchung von צור als Gottesbezeichnung, die durch einen Genitiv ohne Suffix determiniert ist, bestätigt den Befund für צור als Gottesbezeichnung, die durch einen Genitiv mit einem Nomi-nalsuffix außer dem Suffix der 1. Pers. Sg. bestimmt ist:

Der Horizont für die Bezeichnung Jahwes, die durch einen Gentiiv ohne Suffix determiniert wird, ist die Vermittlung eines Wortes Jahwes durch den Mittler an die Gemeinde (2. Sa 23,1—5; Js 30,27—33). Durchaus in

179 vgl. Fohrer, Jesaja II, S. 22f.
180 Zu den vielfältigen und divergierenden Datierungsversuchen vgl. Eissfeldt, Einl., S. 437f.; Fohrer, Einl., S. 404f.; Anderson, VTS IX, S. 119
181 Man darf sich nicht von der Glosse בהר יהוה zu einer falschen lokalen Inter-pretation verleiten lassen wie z.B. Fohrer, Jesaja II, S. 106; S. 108f.; Schmidt, Große Propheten, S. 104.
182 Js 30,27—33 gehört wohl in die letzte Periode der Verkündigung Jesajas (vgl. Eissfeldt, Einl., S. 426; Procksch, Jesaja, S. 400; Duhm, Jesaja, S. 225; vgl. auch Fohrer, Einl., S. 402f.; teilweise Scott, Isaiah, S. 336, der aber v.29 für sekundär hält).

diesem mit dem Zionsheiligtum verbundenen Horizont bleibt die Bezeichnung, wo sie der idealen Gemeinde in den Mund gelegt wird (Js 26,1—4).

5. צור *als Gottesbezeichnung, die weder durch ein Suffix noch durch einen Genitiv näher bestimmt ist* findet sich achtmal, davon dreimal innerhalb des gleichen Zusammenhangs, des programmatischen Lehrgedichtes der Kultprophetie:

> *Der Fels — vollkommen ist sein Tun,*
> *denn alle seine Wege sind Recht.*
> *Ein Gott der Treue, ohne Falsch,*
> *gerecht und rechtschaffen ist er.*
> *(Dt 32,4)*

> *Den Felsen, der dich geboren, hast du 'vergessen',[183]*
> *des Gottes, der dich kreissend hervorgebracht,*
> *gedachtest du nicht.*
> *(Dt 32,18)*

> *Und er (Jahwe) spricht:*
> *Wo sind ihre Götter,*
> *der Fels, bei dem sie sich bargen?*
> *Die das Fett ihrer Opfer aßen,*
> *den Wein ihres Trankopfers tranken,*
> *die mögen aufstehen und euch helfen,*
> *'die mögen' ein Schirm über euch 'sein'[184]*
> *(Dt 32,37f.)*

In v.4 und v.18 ist צור auf Jahwe bezogen, in v.37 auf einen fremden Gott, zu dem das Volk abgefallen war. In v.37 wird צור durch einen Relativsatz ausdrücklich im Sinne der Schutzfunktion expliziert. Dem fremden Gott wird ironisch das unterstellt, was nur Jahwe ist und sein kann. V.37 ist somit erneut ein Beweis für den in Dt 32,1—47 standardisierten Gebrauch von צור als Bezeichnung Jahwes[185].

---

183 statt תֶּשִׁי lies תִּשִׁי von נשה I (vgl. Kö, S. 964 und S. 638)
184 Ich lese mit Samaritanus, LXX, Peschitta, Vulgata: יהיו anstatt יהי .
185 zur sachlichen Einordnung in unserem Aufriß vgl. oben S. 53f.

Ps 18,32 = 2. Sa 22,32:

Denn wer ist Gott außer Jahwe,
wer Fels außer unserem Gott[186]*?*

bringt – in Parallele zum Gottsein Jahwes – die Ausschließlichkeit seines
צור -seins zum Ausdruck. V.32 unterstützt reflektierend die unmittelbar
vertrauende Aussage der v.3 und 47[187].

Im Rahmen der "prophetischen Liturgie" Ps 75[188] wird Jahwe in der das in
v.3f. angeführte Jahweorakel[189] explizierenden, an einen größeren Kreis
gerichteten Prophetenrede (v.5ff.) in v.6 als צור bezeichnet:

Erhebt nicht zur Höhe euer Horn,
redet nicht vermessen 'wider den Felsen'[190]*!*

Unbeschadet der Unmöglichkeit einer genaueren Datierung des Psalms[191]
dürfen wir den Gebrauch von צור in Ps 75,6 gestützt auf die unbezweifel-
bare Erkenntnis der prophetischen Prägung des Psalms der Phase b zuweisen.

Ausschließend wird das צור -sein Jahwe zugeschrieben in 1. Sa 2,2 in der
– erstaunlicherweise noch nicht näher untersuchten – "königlich-prophe-

---

186 Ps 18,32 ist gegenüber dem – unerheblich – abweichenden Text in 2 Sa 22,32
     ursprünglich.
187 Zur Wertung der Bezeichnung Jahwes als צור in Ps 18 vgl. S. 97; S. 174
188 Gunkel, Psalmen, S. 327 (vgl. Gu-Be § 11, § 9); vgl. Mowinckel, PsSt III,
     S. 47ff.; vgl. Weiser, Psalmen, S. 355; Schmidt, Thronfahrt, S. 31f.; Schmidt,
     Psalmen, S. 143f.
189   *"Wenn ich den Zeitpunkt ergreife,*
         halte ich gerechtes Gericht.
         Mag die Erde wanken mit allen ihren Bewohnern,
         ich selbst habe ihre Säulen festgestellt"
             (v.3f.)
190 בצואר verhindert einen guten parallelismus membrorum. LXX weist den rich-
     tigen Weg. Wir lesen deshalb die Gottesbezeichnung צור, also בצור statt בצואר
191 vgl. auch Kraus, Psalmen, S. 522. Das apodiktische Urteil Fohrers, Einleitung,
     S. 313 über die nachexilische Entstehungszeit des Psalms ist genau so wenig zu
     begründen wie eine frühere Ansetzung. Sein Urteil wird sehr in Frage gestellt
     durch die von ihm Einleitung, S. 242f. vollzogene vorexilische Datierung des mit
     Ps 75 in gewisser Weise verwandten Psalms 1 Sa 2, 1–10

tischen Liturgie"[192] 2,1–10, die wegen v.5 in den jetzigen Zusammenhang
gestellt und der Hanna in den Mund gelegt wurde[193]:

> *Keiner ist heilig wie Jahwe, ' '[194]*
> *keiner ist Fels wie unser Gott.*
> *(1. Sa 2,2)*

Die Bezeichnung Jahwes als צור ist Teil des das Wesen Jahwes und zugleich das Selbstverständnis der Kultprophetie auslegenden Abschnitts
v.2–9. Die Zuweisung zur Phase b wird durch die Tatsache, daß das Orakel
dem König gegeben ist, nicht zweifelhaft[195]. Auch die Bezeichnung Jahwes
als צור in Js 44,8 darf in die Phase b eingeordnet werden:

> *Erschreckt nicht und seid nicht (vor Schreck) gelähmt[196]!*
> *Habe ich es nicht längst angesagt ' '[197] und verkündet?*
> *Und ihr seid meine Zeugen!*
> *Gibt es einen Gott außer mir?*
> *'Gibt es einen Felsen'[198]? (Ich weiß keinen)[199]*
> *(Js 44,8)*

---

192 Eine konsequente Auswertung der Feststellung der Verwandtschaft zwischen
1 Sa 2,1–10 und Ps 75 (Weiser, Psalmen, S. 355) führt zu dieser Bestimmung.
Die Widersprüchlichkeit gleichlautender Aussagen in der 1. Pers. in v.1 und in
der 3. Pers. in v.10 kann ungezwungen nur so aufgelöst werden, daß in v.1 die
gleiche Person vertrauend das ausspricht, was ihr in v.10 zugesagt wird. Daß
diese Person der irdische König ist, geht aus v.10 deutlich hervor (vgl. Driver,
Notes, S. 27; vgl. de Vaux, Sam., S. 28; anders (mess.) Kittel, Sam., S. 410;
schwankend Hertzberg, Sam., S. 21. Die Explikation des "Wesens" des Gottes
(v.2–9), auf den sich der Beter von v.1 mit ungeheurem Vertrauen wirft, wurde
wahrscheinlich nicht von dem königlichen Beter (v.1) vorgenommen, sondern
wohl eher von der Person oder einer der Personen, die mit der Vermittlung des
Orakels für den König betraut waren, am wahrscheinlichsten einem Kultpropheten. V.2–9 wären dann indirekt Ausdruck des Selbstverständnisses dieser
Prophetie, der nur kurzsichtiges dogmatisches Verständnis eine so tiefe Reflexion absprechen muß. Vgl. Ewald, Dichter d. alt. Bund. I, 1, 1866, S. 157ff.:
Dichter d. König

193 Fohrer, Einleitung, S. 242f.; Hertzberg, Sam., S. 21; Kittel, Sam., S. 410; de
Vaux, Sam., S. 28

194 כי אין בהלתך ist erklärende (dogmatische) Glosse.

195 Sie zwingt uns aber zu einer genaueren Bestimmung der Phasen.

196 vgl. zu dieser Übersetzung Kö., S. 403 (ירה hapax leg: vor Schreck gelähmt
sein). Damit erübrigt sich die vorgeschlagene Änderung von תרהו in תראו oder
תרהבו

197 Das Suffix ך ist zu streichen.

198 Ein ursprüngliches אם ist im MT verlesen zu אין

199 בל ידעתי könnte bestätigende Glosse eines Abschreibers sein.

Die Ausschließlichkeit des Gottseins und צור -seins Jahwes wird in dem Abschnitt Js 44,6–8.21–22[200] durch seine Wortoffenbarung in der Vergangenheit seines Volkes erwiesen (v.7f.)[201].

Als Ergebnis können wir festhalten: Die Bezeichnung Jahwes als צור, die nicht näher bestimmt wird, begegnet in solchen Zusammenhängen, die entweder theoretisch-reflektierend oder als aktuelle Verkündigung des prophetischen Mittlers Jahwe in seiner Schutzfunktion in der Offenbarung auf dem Zion auslegen.

6. Die Aussage der Selbstaktualisierung des צור -seins Jahwes

Neben der Anrede und Bezeichnung Jahwes als צור steht die Aussage der Selbstaktualisierung seines צור -seins:

> Jahwe ward mir zur Burg,
> mein Gott zum Fels meiner Zuflucht.
>
> (Ps 94,22)
>
> Neige dein Ohr zu mir,
> eilends errette mich[202]!
> Werde mir zum Fels der Zuflucht,
> zum Burghaus, mir zu helfen!
>
> (Ps 31,3)
>
> Neige dein Ohr zu mir
> und hilf mir!
> Werde mir ein Fels des Aufenthaltes,
> 'ein Burghaus'[203], mir zu helfen.
> Du bist mir ja Fels (צור) und Burg.
>
> (Ps 71,2b.3)
>
> Und er wird 'zum Grund der Verwicklung'[204],
> zum Stein des Anstoßes und zum Fels des Strauchelns
> für die beiden Häuser Israels

---

200 Zur Abgrenzung: Westermann, Jes. 40–66, S. 113f.; Duhm, Jes., S. 331.337; Muilenburg, Int-B V, S. 505; anders offenbar Fohrer, Einleitung, S. 419
201 Erstaunlicherweise wird auch in diesem Zusammenhang auf die Schöpfung des Volkes verwiesen wie in Dt 32,18.
202 Vielleicht ist מַהֲרָה (Imp.) zu lesen
203 לבית מצודות
204 mit Driver למקשיר; vgl. Kaiser, Jesaja, S. 92.

zum Klappnetz und zur Falle
für die Bewohner Jerusalems.
(Js 8,14)

צוּר begegnet dabei niemals absolut, es ist an allen vier Stellen durch einen Genitiv bestimmt (Ps 94,22: מחסי; 31,3: מעוז; 71,3: מעוז [205]; Js 8,14: מכשׁול). In den Psalmen begegnet die Aussage, Jahwe habe sich dem Beter als צוּר מחסי erwiesen (Ps 94,22) oder die Bitte, Jahwe möge sich dem Beter als צוּר מעוז erweisen (Ps 31,3; 71,3) nur im Munde von Individuen, die aufs härteste von Feinden bedrängt an Gerechtigkeit, Richten und Rache Jahwes appellieren. In keinem Falle dürfte der Beter irgendein Privatmann sein. In Ps 94 sprechen gegen diese Annahme vor allem die theologische Art, wie der Beter einen weiteren Kreis anredet:

> *Seid vernünftig, ihr Tierischen im Volk,*
> *und ihr Toren, wann werdet ihr klug?*
> *Der das Ohr gepflanzt, sollte der nicht hören?*
> *Der das Auge geschaffen, sollte der nicht sehen?*
> *Der die Völker züchtigt, sollte der nicht strafen?*
> *Der die Menschen lehrt, sollte der 'ohne Erkenntnis'[206] sein?*
> *Jahwe kennt die Gedanken der Menschen,*
> *daß sie ein Nichts sind.*
> *(v.8–11)*

und wie er seine Lage mit der (in traditionell prophetischer Begrifflichkeit[207] geschilderten) Situation der Jahwegemeinde verbindet[208]. Kraus[209] macht zu Recht auf den "lehrhaften Charakter" und die paradigmatische Bedeutung der Existenz des Beters für das Schicksal des צדיק in dem Bericht v.16–23 aufmerksam. Der Beter hat offenbar in seiner Lehre durch ein Eingreifen Jahwes zu seinen Gunsten, vermutlich durch ein Orakel, gegen seine Feinde recht bekommen, die damit vertilgt wurden (v.22f.). Der Beter ist der gesetzestreue Weisheitslehrer der nachexilischen

---

205 vgl. Ps 31,3
206 Zum Übergang des Glückwunschs ins Lehrhafte vgl. Kraus, Psalmen, S. 656
207 vgl. auch Gunkel, Psalmen, S. 414; Kraus, Psalmen, S. 654; Weiser, Psalmen, S. 426
208 Zur Einheitlichkeit des Psalms vgl. überzeugend Kraus, Psalmen, S. 653f. Die Bestreitung der Einheit: Schmidt, Psalmen, S. 175f. geht zu sehr von individueller Erlebnisdichtung aus und wird den Kompositionsgesetzen alttestamentlicher Psalmen nicht gerecht. So wird in Ps 94 die bewußte Verkoppelung mit v.5 in v.14 übersehen, vgl. auch hierzu Kraus, Psalmen, S. 653f.
209 Psalmen, S. 657

Zeit[210]. Ebenfalls in den Kreis der Mittlerpersonen gehört der Beter von Ps 71[211]. Er ist offenbar eine mit der gottesdienstlichen Verkündigung der צדקה und תשועה Jahwes betraute Person:

> *Mein Mund soll erzählen deine Gerechtigkeit,*
> *den ganzen Tag dein Heil . . .*
> *(v.15)*
>
> *Ich will dich preisen auf der Harfe,*
> *deine Treue, mein Gott!*
> *Ich will dir spielen auf der Leier,*
> *Heiliger Israels.*
> *Meine Lippen sollen jubeln ' '[212]und meine Seele,*
> *die du erlöst hast.*
> *Ja, meine Zunge soll den ganzen Tag*
> *reden von deiner Gerechtigkeit,*
> *daß zuschanden werden, daß beschämt sind,*
> *die mein Verderben suchten.*
> *(v.22ff.)[213]*

Jahwe hat ihn von Jugend an bis ins Greisenalter mit dieser Aufgabe betraut (v.17f.; vgl. v.6ff.). Er ist wie ein Wahrzeichen[214] geworden für viele, dadurch, daß Jahwe seine starke Zuflucht war (v.7). Deshalb wirft er sich wider allen Vorwurf der Gottverlassenheit[215], der ihm die Ausübung seines Amtes verbieten will, auf Jahwe, daß er die Feinde in Schande bringe und der Beter wieder Jahwe verkünden kann (v.10ff.), seine צדקה und תשועה. Dieser ersehnte Umschwung wird in formelhaft geprägter, eine Offenbarung Jahwes erbittender Sprache erbeten (v.1−3; vgl.

---

210 Zur Datierung in nachexilische Zeit vgl. Kraus, Psalmen, S. 654; Fohrer, Einleitung, S. 315; vgl. Gunkel, Psalmen, S. 415 (späte Abfassung)
211 Zur Frage der Originalität des Psalms vgl. Weiser, Psalmen, S. 339; Kraus, Psalmen, S. 490. Die Aufnahme bestimmter Topoi in der antiken Kompositionskunst nicht Kennzeichen eines dekadenten Plagiats, sondern Ausdruck der normalen Arbeitsweise. Vgl. Würthwein, Ich der Psalmen.
212 כי אזמרה לך
213 Man könnte die Aufgabe des Beters also darin sehen, daß er Lehr- und Geschichtspsalmen wie Ps 78 vortrug und wohl auch zusammenstellte.
214 vgl. Kö, Lex, S. 505; vgl. Weiser, Psalmen, S. 339
215 Daß dem Alter (= der Altmodischkeit) eine gewisse Bedeutung bei der Motivierung des Vorwurfs zukommt, ist möglich, kann jedoch nicht den Vorwurf der Gottverlassenheit begründen. Der Vorwurf der Gottverlassenheit scheint mir auszudrücken, daß der Beter kein aktuelles Wort Jahwes hat, und daß er seine Erfahrung mit Jahwe in die Waagschale wirft und Jahwe um Offenbarung bittet.

Ps 31,2—4a). Aus der Begrifflichkeit geht hervor, daß der Psalm[216] nach-exilisch ist: Der Verfasser ist im Kreise der Leviten (?)[217] zu suchen, die Psalmen in der Art des Ps 78 komponierten und aufführten.

Ein in der Struktur gleicher Befund ergibt sich aus der Untersuchung des Ps 31. Der Vergleich mit den Konfessionen des Jeremia[218], besonders mit Jr 20,7ff. und 18,18—23, macht es unwahrscheinlich, daß der Beter des Ps 31 irgendeine private Person ist, die auf Grund ihrer Krankheit unschuldig angeklagt wurde[219]. So wenig wie die Konfession des Jeremia weist Ps 31 einen konkreten Bezug zu einer konkreten Krankheit auf[220]. Selbst die Deutung des Beters als eines unschuldig Angeklagten ist problematisch, da der Beter selbst (im Gegensatz etwa zu Ps 7 oder Ps 26) das Schwinden seiner Kraft auf seine Schuld zurückführt (v.11)[221].

Die Ausweglosigkeit der bedrängenden Situation des Beters besteht darin, daß Jahwe, obwohl der Beter auf Jahwe vertraut (v.15; vgl. den ganzen Teil v.1—9), ihm sein Angesicht nicht leuchten läßt (v.17), d.h. sich ihm nicht aktuell offenbart[222], so daß der Beter in seinem Forthasten[223] dachte, er sei von dem Ort vor Jahwes Augen weggenommen[224] (v.23). In seiner trotzdem festgehaltenen Treue zu Jahwe ist er den Feinden zum Gespött, den Nachbarn zum Kopfschütteln[225], den Freunden zum Schrecken und denen, die ihm auf der Straße begegnen, unheimlich geworden (v.12). Er

---

216 So Fohrer, Einleitung, S. 313; Kraus, Psalmen, S. 490
217 vgl. dazu v. Rad, Levitische Predigt
218 Zur Feststellung dieser Beziehung vgl. Duhm, Psalmen, S. 126; Kraus, Psalmen, S. 248
219 Schmidt, Psalmen, S. 58 (zu dem von ihm als selbständig betrachteten Abschnitt 31,10—25); zur Teilung des Psalms vgl. auch Balla, Ich der Psalmen, S. 16; dagegen überzeugend Gunkel, Psalmen, S. 131; Kraus, Psalmen, S. 247; zur Einheitlichkeit des Psalms, vgl. ebenfalls Mowinckel, PsSt I, S.,152; Weiser, Psalmen, S. 185. Für die Hypothese der Anklage eines Unschuldigen: Kraus, Psalmen, S. 248
220 Kraus tut gut daran, daß er sich auf die Schwerkrankenhypothese (Gunkel, Psalmen, S. 131; vgl. Weiser, Psalmen, S. 185) nicht einläßt, S. 250; Gunkel, Psalmen, S. 131 hat durchaus nicht die Bemerkung von Duhm, Psalmen, S. 129; Kittel, Psalmen, S. 119, daß die tatsächliche Lage des Beters (unter der ihnen allen gemeinsamen Fragestellung des unauswechselbaren Ergehens eines "Laien") nicht zu erkennen ist, widerlegt.
221 Dieser Sachverhalt wird — konsequenterweise — bei Schmidt und Kraus in der Interpretation der entsprechenden Stelle stillschweigend außer acht gelassen.
222 vgl. Köhler, Theol[3], S. 110
223 Kö, S. 320
224 Kö, S. 193
225 Ich schließe mich der Korrektur Gunkels, Psalmen, S. 133 nicht an; vgl. Weiser, Psalmen, S. 184

ist lebendig schon tot, (ist überlebt?), er ist wie ein zerbrochenes Gefäß (v.13). Er erfüllt nicht seine Funktion. Die so umschriebene Situation des Beters erhellt sich schlagartig, wenn man in Analogie zu den Konfessionen des Jeremia annimmt, daß der Beter eine Person ist, die institutionell mit der Vermittlung von Heil für sein Volk betraut ist, in der Treue zu Jahwe aber nur Unheil ansagen und damit Grauen erregen (v.14) kann[226]. In dieser Lage kann eine Bestätigung des Beters durch Jahwe (v.16f.) nur die Vernichtung der Feinde bedeuten (v.19f.)[227]. Es erschwert und verschärft die gefährliche Situation des Beters, daß diese Bestätigung, die er offenbar als Antwort auf sein Anrufen erwartet (v.18) ausbleibt.

Diese Interpretation der sich im Klagelied (v.1—19)[228] aussprechenden Situation des Beters wird durch die Aussage des hymnisch eingeleiteten Dankliedes gestützt: Jahwe hat auf das Flehen des Beters gehört (v.23). Der Beter wird nicht weggenommen von dem Ort vor Jahwes Angesicht (v.23), er darf sich mit denen, die Jahwe fürchten, die sich bei ihm bergen, von Jahwe in den Schirm seines Angesichts, dort, wo er sich offenbart, in "einer Hütte"[229] von Jahwe schützen lassen vor den Feinden (בני אדם), vor dem Wortgezänk[230] der Menschen, vor dem Streit der Zungen (v.20f.).

Daß sich der Beter nach Erhalt der Antwort Jahwes belehrend und mahnend an eine Gemeinde wendet, ist nicht frommer Überschwang, sondern entspricht seiner Funktion. Ich halte es für sehr wahrscheinlich, daß das Wort, das ihm von Jahwe zuteil wurde, in v.24aβ.b wörtlich mitgeteilt wird:

> *Die Treuen schützt Jahwe,*
> *und er vergilt überreichlich dem,*
> *der Hochmut übt.*

V.24aα.25 wäre dann Explikation dieses Wortes durch den Beter:

> *Liebet Jahwe, all ihr Frommen!*
> *Seid stark und festen Herzens,*
> *alle, die ihr auf Jahwe harrt!*

---

226 vgl. zur Horizontbestimmung des Grauens Th. Mann, Joseph und seine Brüder I, S. 473: zu tun, "was 'man nicht mehr tut', . . . das ist, recht bedacht, die Quelle alles Grauens."
227 vgl. Jr 11,20; 15,15ff.; 17,12ff.; 18,18ff.; 20,11ff.
228 Für diese Gliederung auch Mowinckel, PsSt I, S. 152f.
229 Zur סכה vgl. den Zionspsalm 76 in v.3 und Ps 27,5 (1 Q; s. ABH). Außer Frage ist damit das Heiligtum Jahwes auf dem Zion gemeint. Daß es sich hier nur um eine einmalige Asylfunktion handelt, ist nicht anzunehmen, vielmehr ist offenbar von denen die Rede, die ständig dort weilen. Vgl. besonders Ps 27,4ff.
230 Ich lese מרכילי , vgl. ABH

Die durchaus nicht persönliche Formulierung und die Möglichkeit der Anrede an einen größeren Kreis bestätigt unsere Auffassung, daß es dem Beter nicht um ein Wort für sich, sondern um ein durch ihn vermitteltes Wort zu tun war.

Die weisheitlich-allgemeine Stilisierung des Gottesspruchs, die didaktische Ausprägung der Explikation und die Selbstbezeichnung des Beters als עבד (v.17) und צדיק (v.19)[231] legen es nahe, in dem Beter eine institutionell mit der Vermittlung von Jahweworten betraute jahwetreue Kultperson zu sehen.

Die Art der Komposition, die durch vielfältige Berührung des Psalms mit anderen Psalmen gekennzeichnet ist, sowie die Bezeichnung des Kreises, zu dem sich der Beter zählt, als מיחלים weisen eindeutig in späte (nachexilische) Zeit[232].

Der einzige Kontext außerhalb des Psalters, in dem die Aktualisierung des צור -seins Jahwes ausgesagt wird, ist die durch die Einleitung als prophetische Konfession charakterisierte Mahn- und Drohrede[233] Js 8,11 bis 15. Die in v.12—15 zitierte Gottesrede, die Jesaja und seine um ihn gesammelten Anhänger einerseits und die Bevölkerung des Südreiches andererseits gegenüberstellt, gibt Jesaja Grund zur Ruhe in den durch den syrisch-ephraimitischen Krieg hervorgerufenen politischen Wirren[234]. Dieses aktuelle Wort Jahwes bestätigt die vorausgegangene Verkündigung des Jesaja vor seinen Anhängern und sagt den Gegnern Gericht an. Auffallend ist, daß in dieser von Jesaja vermittelten Gottesrede, die Aktualisierung des צור -seins Jahwes nicht zur direkten Aussage seiner und seiner Anhänger Geborgenheit dient, sondern zur Androhung des Gerichtes für sein (gegen ihn stehendes) Volk: Jahwe wird nicht zum צור מחסי usw., Jahwe wird zum צור מכשול . Jahwe ist in seiner Funktion als der nahe Gott für sein

---

231 Ich streiche עתק
232 Zur Berührung mit anderen Psalmen vgl. die Aufstellung bei Kittel, Psalmen, S. 119; auf die Berührung mit den Konfessionen Jeremias wurde oben, S. 80 hingewiesen; zu יחל in der hier vorliegenden Bedeutung vgl. Ps 119,43.74.81.114.147; 130,7; 131,3; 33,18.22; 69,4 (1 c LXX und Peschitta מיחל ; vgl. ABH); auffallend ist der Gebrauch von יחל in Hs 13,6. Innerhalb des v.7a erläuternden Zusatzes v.6 (Zimmerli, Ezechiel, S. 291) wird יחל zur Charakterisierung der falschen Propheten gebraucht, die erwarten (ייחל), daß Jahwe ihr Wort bestätigt. (Ist hier im polemischen Sinn die Struktur der Erwartung von Kreisen, denen der Beter des Ps 31 angehört, skizziert?)
233 vgl. zu dieser Bestimmung Kaiser, Jesaja, S. 92
234 vgl. ausführlich Kaiser, Jesaja, S. 92f.; zu dieser historischen Einordnung des Abschnitts vgl. auch Eissfeldt, Einl., S. 418; Fohrer, Einl., S. 399; Duhm, Jesaja, S. 82f.

82

Volk nicht mehr der schützende, sondern der bedrängende. Durch die Verwendung der Bezeichnung der Schutzfunktion Jahwes (als צור) wird die Schärfe des Gotteswortes unerhört gesteigert. Daß Jahwe für Jesaja und seine Anhänger sich gerade durch das Gerichtswort in seiner eigentlichen צור -Funktion aktualisiert, darf e contrario erschlossen werden.

Ergebnis: Die Untersuchung der Aussage der Selbstaktualisierung Jahwes als צור bestätigt vollkommen das von uns für die Bezeichnung Jahwes als צור gewonnene Ergebnis. Die Horizontbestimmung der Aussage der Selbstaktualisierung als צור kann deshalb in die folgende Zusammenfassung integriert werden.

7. צור als in kultischer Hinsicht exponierter Ort (Exkurs)

Die sich aus der Untersuchung der Stellen, in denen צור als Anrede oder Bezeichnung Gottes in irgendeiner Form angewandt wurde, ergebende These, daß der Horizont für die Anrede und Bezeichnung Jahwes als צור die Theophanie Jahwes am Zionsheiligtum sei, wird durch die Analyse des Gebrauchs von צור zur Bezeichnung eines in kultischer Hinsicht exponierten Ortes gestützt.

In Ps 27,5 steht צור in direkter Parallele zu סכו und אהלו :

> *Denn er birgt mich in 'seiner' Hütte[235]*
> *am Tage des Unheils.*
> *Er schirmt mich im Schutz seines Zeltes,*
> *auf einen Fels hebt er mich hoch.*

Da "Hütte" und "Zelt" "archaisierende Metaphern" für den in v.4 genannten Tempel sind[236], ist es unmöglich, צור lediglich bildlich zu verstehen. Man muß mit Kraus[237] "dem Textzusammenhang entsprechend an eine Kulttradition . . . denken, die in unmittelbarer Beziehung zum Tempel steht".

Dieser Befund wird durch Ps 61,3b—5 bestätigt und spezifiziert:

> *Auf den Felsen, der für mich zu hoch ist, führe mich!*
> *Denn du bist mir zur Zuflucht geworden,*
> *ein starker Turm vor dem Feind.*

---

235 Ich lese mit Q A Hier Targum Peschitta בסכו
236 So Kraus, Psalmen, S. 224; vgl. Kraus, ZDPV 75 (1959), S. 135
237 ZDPV 75 (1959), S. 135

Ich möchte ewig Gast sein in deinem Zelt,
mich bergen im Schutz deiner Flügel.

Die Bitte, Jahwe möge den Beter auf den Felsen, der zu hoch für ihn ist, führen, hat ihre direkte Entsprechung in dem Wunsch, ewig in Jahwes Zelt Gast sein und sich unter dem Schutz seiner Flügel bergen zu dürfen. Die Wendung "bergen unter deinen Flügeln" erinnert an die ausgebreiteten Cherubenflügel[238]. Diese Erkenntnis zwingt zu einem spezielleren Verständnis von Jahwes Zelt: Die Vorstellung meint "nicht das ganze Bauwerk des Tempels, sondern die eigentliche Wohnstätte Jahwes, das Debir"[239].

Aus dem unmittelbaren Korrespondenzverhältnis, in dem צור in Ps 27 und Ps 61 zu אהל (27,5; 61,5), סכה (27,5) und סתר כנפיך (61,5) steht, ergibt sich, daß auch צור "die eigentliche Wohnstätte Jahwes, das Debir"[239] bezeichnet.

In Ps 27 sagt der Beter explizit, daß er eine Offenbarung Jahwes an diesem Ort erstrebt (v.4), die er ganz offensichtlich im Horizont des Kampfes Jahwes gegen die Völker erwartet[240]. Diese Vorstellung vom Kampfe Jahwes gegen die Völker wirkt höchstwahrscheinlich auch in Ps 61,4 nach.

Tritt in Ps 27 und Ps 61 explizit eine Jerusalemer Spezialtradition von einem צור als dem Ort der Wohn- und Offenbarungsstätte Jahwes hervor, so finden sich auch in anderen Zusammenhängen außerhalb des Psalters Belege, die indirekt auf diese Tradition schließen lassen.

In dem nach Noth[241] zu den "jungen und jüngsten Elementen" gehörenden, ein "Konglomerat von sekundären Wucherungen" darstellenden[242] Kapitel Ex 33 wird in v.18—23, einer Interpolation "theologisierenden Inhalts"[243], eine Offenbarung Jahwes an einem bestimmten Felsen (על־הצור)[244] berichtet. Der in seinem Charakter an die in 1. K 19 in v.11—12 eingeschobene kulttheologische Reflexion[245] erinnernde Ab-

---

238 So Kraus, ZDPV 75 (1959), S. 135; vgl. auch die von Gunkel, Psalmen, S. 57f. (zu Ps 17,8) angeführten, aber nicht entsprechend ausgewerteten religionsgeschichtlichen Parallelen
239 Kraus, ZDPV 75 (1959), S. 135
240 Dazu ausführlich unten S. 116
241 Überlieferungsgeschichte des Pentateuch, S. 178, Anm. 459
242 Überlieferungsgeschichte des Pentateuch, S. 33, Anm. 114; vgl. S. 160; S. 223
243 Überlieferungsgeschichte des Pentateuch, S. 258, Anm. 625
244 Der Artikel legt nahe, den Zusammenhang so aufzufassen.
245 vgl. hierzu jetzt Würthwein, Elijah et Horeb, S. 163ff. unveröffentlicht)

schnitt[246] hatte nach v. Rad[247] "ehedem die Funktion einer Kultätiologie", die einen bestimmten Ritus legitimieren sollte. Diese Bestimmung des Charakters von Ex 33,18ff. (sowie der anderen Perikopen in Ex 33)[247] trifft zu, auch — oder besser: — gerade wenn man beachtet, daß in Ex 33,18—23 untereinander verschiedene, miteinander konkurrierende Anschauungen des zugrundeliegenden kultischen Geschehens ihren Niederschlag gefunden haben. Der dreimalige Einsatz der Jahwerede mit ויאמר in v.19, 20, 21 ist sicher nur in v.21 ursprünglich. V.19 und v.20 erweisen sich allein schon aus formalen Gründen als Einschub[248]. Dazu kommen inhaltliche Kriterien: V.20 nimmt v.23b vorweg und betont (im Gegensatz zu einer in einer Reihe von Psalmen sich aussprechenden Anschauung — vgl. Ps 11,7; 17,15: פנים parallel zu תמונה ; 27,4; 63,3; 84,8), daß man Jahwes Angesicht nicht sehen könne, ohne zu sterben (Gen 32,31; Ex 20,19; Ri 6,23; 13,22). V.19 stellt demgegenüber ganz im Sinne der soeben zitierten Psalmen (bes. Ps 27,1—6[249]; vgl. auch 27,7—14) fest, daß man bestimmte Erscheinungsformen Jahwes sehr wohl wahrnehmen könne; den טוב יהוה könne man sehen, und das Ausrufen des שם יהוה könne man hören. Das trifft, so wird betont, freilich nicht für alle Israeliten zu, sondern nur für bestimmte von Jahwe bevorrechtigte Personen. Mit diesen Personen sind, wie v. Rad richtig gesehen hat, "die Kultdiener, vielleicht nur gewisse Kreise unter ihnen"[250], nämlich die Kreise, die in v.19 zu Wort kommen, gemeint.

Nach dieser literarkritischen Prüfung ergibt sich in Ex 33,18—23 folgender Grundbestand:

> *Er sagte: Laß mich doch deine Herrlichkeit sehen! Jahwe sagte: Siehe, ein Ort ist bei mir; da sollst du dich auf den Felsen hinstellen. Und wenn meine Herrlichkeit vorüber geht, will ich dich in die Felsspalte stellen und meine Hand über dich decken, bis ich vorüber gegangen bin. Dann will ich meine Hand wegnehmen, daß du meine Rückseite sehen kannst. Aber mein Angesicht darf man nicht sehen.*
> *(v.18.21—23)*

---

246 vgl. Eissfeldt, Einl., S. 280; Noth, Exodus, S. 212; Jeremias, Theophanie, S. 112 bezeichnet 1. Kö 19,11ff. geradezu als von Ex 35,18ff. abhängig; neben dem Gesamteindruck vgl. auch Einzelzüge: das Vorüberziehen Jahwes, die Felsenhöhle

247 v. Rad, Gerechtigkeit und Leben, S. 239   248 vgl. Noth, Exodus, S. 212

249 v. Rad setzt zu Recht טוב יהוה und נעם יהוה gleich und bemerkt, daß sie ungefähr dasselbe bedeuteten wie כבוד יהוה , "nur ... vielleicht etwas Vertraulicheres, Intimeres" (Gerechtigkeit und Leben, S. 239).

250 Gerechtigkeit und Leben, S. 239

Der Abschnitt ist eine kritische Reflexion, die am Beispiel des Mose die Möglichkeit des Sehens des Angesichtes Jahwes durch eine bestimmte Person, die bei der Offenbarung Jahwes auf einem bestimmten "Felsen" steht, modifiziert. Sie tritt Anschauungen, wie sie sich in Ps 27,5 oder 61,3 spiegeln, die — wie wir gesehen haben — Ausdruck des Selbstverständnisses gewisser Kreise des Jerusalemer Kultpersonals waren, entgegen und schränkt sie stark ein: Bei der Offenbarung Jahwes könne man nicht auf dem "Felsen" stehenbleiben, sondern müsse von Jahwe in die "Felsspalte" gestellt und mit der Hand bedeckt werden. Man dürfe Jahwes Angesicht nicht sehen, sondern nur Jahwes Rückseite, wenn er nach seinem "Vorübergehen" die Hand wegnimmt.

Dieser Reflexion liegt kaum eine "sinaitische Lokaltradition zugrunde"[251] Sie wirkt eher als ein polemischer Korrekturversuch am Selbstverständnis der Kreise des Jerusalemer Kultpersonals, die von sich behaupteten, Jahwe stelle sie auf einen bestimmten "Felsen", nämlich den Heiligen Felsen unter dem Debir des Tempels[252], wobei sie Jahwes Angesicht sehen könnten. Es ist sogar zu fragen, ob die polemische Reflexion nicht in v.18 und v.21 eine positive Aussage dieser Kreise aufgenommen und durch die Hinzufügung von v.22—23 eingeschränkt hat. Auf jeden Fall ist v.18.21—23 eine tendenziöse Umfunktionierung des vorausgesetzten Selbstverständnisses dieser Kreise.

Der Zusatz v.20 hat die Tendenz von v.18.21—23 verschärft.

Demgegenüber stellt der Einschub v.19 fest, daß solche Menschen wie Moses durchaus bestimmte Erscheinungsformen Jahwes wahrnehmen konnten, ohne zu sterben. Er steht dabei auf einer Linie mit Anschauungen, die sich auch an anderen Stellen des AT, z.B. Gen 32,31; Ex 20,19, sowie zwei Stellen, an denen positiv von einer Offenbarung Jahwes an einem bestimmten "Felsen" berichtet wird: Ri 6,23; 13,22, wahrnehmen lassen:

Der normale Israelite muß sterben, wenn er unvermittelt mit der Offenbarung Jahwes konfrontiert wird. Das trifft jedoch nicht zu für bestimmte, von Jahwe erwählte Personen wie Jakob (Gen 32,31), Gideon (Ri 6,23), Manoah (Ri 13,22) und vor allem Mose (Ex 20,19), der geradezu von dem Volk um die Vermittlung der Offenbarung Jahwes gebeten wird.

---

251 Noth, Exodus, S. 212
252 vgl. S. 85

Es ist kaum zu bezweifeln, daß in v.19 das theologische Selbstverständnis der Kreise des Jerusalemer Kultpersonals ausgesprochen wird, die ihr Amt als Mittleramt in der Tradition des Mose verstehen, vermutlich wohl levitische Tempelsänger und Kultpropheten[252a].

Wegen der konkreten Erwähnung des Heiligen Felsens kann man wohl kaum Ex 33,18−23 als Beleg einer abstrakten geistigen Auseinandersetzung werten, sondern eher als den Niederschlag des Ringens um konkretes kultisches Geschehen an diesem Ort und um die Rolle, die die verschiedenen Kreise des entsprechenden Kultpersonals dabei spielen.

Dieser Befund der Untersuchung von Ex 33,18−23 gibt Anlaß zu der Frage, ob nicht auch in Ri 13,19−23 und Ri 6,11a.19−24[253], wo betont von einer Offenbarung Jahwes auf einem Felsen berichtet wird, eine Tradition zu Wort kommt, wie sie von der polemischen Ablehnung Ex 33,18.21−23 vorausgesetzt wird. Da eine eingehendere Untersuchung dieser Abschnitte den Rahmen der vorliegenden Arbeit sprengen würde, soll nur auf einige Beobachtungen aufmerksam gemacht werden:

1. Der Abschnitt Ri 6,11−24 weist verschiedene Widersprüche und Unebenheiten auf[254]. Wie Kutsch gezeigt hat, läßt sich 6,11a.19−24 als besondere Einheit verstehen[255]. In Ri 13 kann eine einheitliche Gedankenführung nicht ungezwungen aufgezeigt werden[256].

2. An beiden Stellen ist die in dem Zusatz Ex 33,19 begründete Tradition wirksam, daß bestimmte von Jahwe bevorrechtigte Personen die Offenbarung Jahwes auf dem "Felsen" wahrnehmen können, ohne − wie andere Menschen − sterben zu müssen.

3. יהוה שלום als Name des in Ri 6,24 gebauten Altares läßt sich besser in einer an Jerusalem als in einer an Ophra haftenden Kultätiologie verstehen [257].

Diese Untersuchung der Stellen, an denen צור zur Bezeichnung eines in kultischer Hinsicht exponierten Ortes gebraucht wird, zeigt, daß die Offen-

---

252a Es ist interessant, daß auch der eng mit dem Zion verbundene Jesaja in dem Visionsbericht Js 6,1ff. von sich aussagt, er habe Jahwe gesehen (v.5), aber aufgrund bestimmter − im Tempel selbst − an ihm vorgenommener kultischer Handlungen nicht habe sterben müssen.
253 Kutsch, ThLZ 81 (1956), Sp. 77f.
254 Kutsch, ThLZ 81 (1956), Sp. 75f.
255 Kutsch, ThLZ 81 (1956), Sp. 77f.
256 Eissfeldt, Einl., S. 347
257 Keller, ZAW 67 (1955), S. 156ff.

barung Jahwes auf dem Heiligen Felsen in Jerusalem in außerordentlicher Intensität das Denken bestimmter Kreise des Jerusalemer Kultpersonals, die Zugang zu bestimmten kultischen Akten, in denen die Offenbarung Jahwes an diesem Ort erlebt wurde, hatten, bestimmt hat.

Diese in der Geschichte des Zions als Jahweheiligtum lebendige Tradition reicht in die vorisraelitische Zeit Jerusalems zurück. Sie ist eine spezifische Jerusalemer Sakraltradition, die von Israel übernommen wurde[258], denn wie aus 2. Sa 24 zu entnehmen ist, war der Heilige Fels der Ort der wiederholten Epiphanie des Gottes der Jebusiter[259]. Dieser Ort der Offenbarung des fremden Gottes wurde von Israel übernommen und für Jahwe beansprucht. Wie Noth[260] gezeigt hat, ist nach 2. Sa 24 der Heilige Fels als Offenbarungsort der Gottheit nicht identisch mit dem von David errichteten Altar[261], an dessen Stelle wahrscheinlich der spätere Brandopferaltar gestanden hat. Deshalb ist es ganz unwahrscheinlich, daß die Aussage des Beters von Ps 27, Jahwe hebe ihn auf den Heiligen Felsen, "auf die Asylfunktion des heiligen Bereiches" hinweist[262], denn Asyl wurde in der Regel im Altertum durch Berühren des Altars erlangt. Dagegen ist in Ps 27,1–7 und in Ps 61 ein wesentlich intimeres (ständiges) Verhältnis zu den die Offenbarung Jahwes am Heiligen Felsen in Jerusalem vermittelnden Kultakten, die nur bestimmten Personenkreisen zugänglich waren, angesprochen.

In diesen die Offenbarung Jahwes am Heiligen Felsen vermittelnden Kultakten hat offenbar die Bezeichnung Jahwes als צור ihren Haftpunkt. Sie bezeichnet den Gott, der sich an dieser Stelle offenbart. Sie prägt das Selbstverständnis der Kreise, die mit der Offenbarung Jahwes an diesem Ort betraut waren.

8. Mit צור *zusammengesetzte Personennamen (methodische Bemerkung)*

Es empfiehlt sich, die im Buch Numeri mehrfach auftretenden mit צור zusammengesetzten Namen einiger Stammesführer (צורישדי Nu 1,6;

---

258 Kraus, Psalmen, S. 142; Schmidt, Heiliger Fels, S. 78ff.
259 Schmidt, Heiliger Fels, S. 58ff. (bes. S. 85)
260 Noth, Könige, S. 109
261 vgl. auch Noth, Welt d. AT, S. 89; S. 141; Baltensweiler, BHH I, Sp. 469; Schult, ZDPV 80 (1964), S. 47, Anm. 5; Kraus, ZDPV 75 (1959), S. 134f.; unentschieden Nötscher, Bibl. Altertumskunde, S. 293
262 Kraus, Psalmen, z.St.

2,12; 7,36.41; צורי שדי Nu 10,19; צוריאל Nu 3,35; אליצור Nu 1,5;
2,10; 7,30.35; 10,18) nicht in unsere Bestimmung des Horizontes von צור
einzubeziehen. Da die Frage, ob es sich um wirklich altes Gut oder um
archaisierende Bildungen handelt, für die Zusammenhänge, in denen diese
Namen überliefert sind, kaum zu beantworten ist, würde die Einbeziehung
dieser Namen unsere Untersuchung mehr verwirren als fördern.

9. Zusammenfassung

Die Anrede (Epiklese) und Bezeichnung Jahwes als צור durch ein Individuum ist verankert in der Offenbarung Jahwes an dem unter David übernommenen ehemals kanaanäischen Heiligtum in Jerusalem. Das Individuum, das im Gebet (Klage, Vertrauen, Dank) Jahwe als seinen צור [264]
anredet und bezeichnet, darum bittet, Jahwe möge sich ihm als צור erweisen. oder bekennt, daß Jahwe ihm zum צור geworden sei, ist jeweils eine
Person, die im Heiligtum von Jerusalem institutionell mit der Vermittlung
der aktuellen Offenbarung, d.h. der Tradition dieses Heiligtums entsprechend: der Vermittlung von Heil für das eigene Volk und Kampf gegen die
Feinde, "die Völker" (vgl. z.B. Ps 46; 48; 76), betraut war: der König
(Ps 18 = 2 Sa 22; Ps 89,27; 144,1−11); der Kultprophet (Ha 1,12−17;
Ps 28; 62); der levitische Tempelsänger, der levitische Prediger, der gesetzestreue Weisheitslehrer[265] zur Zeit des zweiten Tempels, wobei zu überle-
gen ist, ob es sich nicht um verschiedene, jeweils unterschiedlich betonte
Aspekte des gleichen "Amtes" handelt. Das wird vor allem durch das
programmatische Lehrgedicht der levitischen Predigt am zweiten Tempel
(Ps 78) nahegelegt, das die verschiedensten Traditionselemente, darunter
auch die einer gesetzestreuen Weisheit verbindend aufnimmt. Dafür spricht
auch die Aussage des gleichfalls nachexilischen Gedichtes Js 2,2−4 =
Mi 4,1−4[266], in dem im Horizont der eschatologischen Wallfahrt "der
Völker" zum Zion betont wird, daß sowohl תירה als auch דבר von Jerusalem ausgehen. Es kann jedoch nicht ausgeschlossen werden, daß die Entwicklung des Gebetes des Mittlers in der nachexilischen Zeit stärker nach
Traditionskreisen (z.B. Weisheit) differenziert wird.

264 צור kann dabei durch einen Genitiv mit Suffix der 1. Pers. Sg. bestimmt sein.
265 Eine genauere Aussage ist bei dem gegenwärtigen Stand der Erforschung des
nachexilischen Kultbetriebs nicht möglich.
266 vgl. Eissfeldt, Einl., S. 427f.; Kaiser, Jesaja, S. 19f.

Der kultischen Funktion des Königs in der Jerusalemer Sakraltradition entsprechend (Melchiṣedeḳ) dürfte die Anrede und Bezeichnung Jahwes im Gebet des königlichen "Mittlers" die ältere Stufe der Entwicklung darstellen. Innerhalb der israelitischen Geschichte des Zionsheiligtums wäre dann die Anrede und Bezeichnung Jahwes als צור im Gebet des Mittlers von dem Teil des Kultpersonals übernommen, der tatsächlich mit der Vermittlung der Offenbarung Jahwes betraut war, und in dessen Reihen vermutlich auch die Verfasser der Gebete des königlichen Mittlers zu suchen sind: der Kultprophetie und damit aufs engste verbunden — wenn nicht gar identisch — der Tempelsängerschaft[267].

Im Verlauf der mit der Exilierung beginnenden Umwälzung der kultischen Situation, die in der Übernahme des zweiten Tempels eine gewisse Konsolidierung erfährt, traten die Kreise in das geprägte Gebet des Mittlers, der Jahwe als seinen Fels bezeichnet und anredet, ein, die in dieser Zeit mit der Vermittlung des Heils- und Gerichtswillens Jahwes institutionell betraut waren. Mit der Usurpation des Gebetes des königlichen Mittlers durch die tatsächlichen Vermittler der Offenbarung Jahwes, war vor allem in der Aktualisierung des mit צור untrennbar verbundenen Horizontes des Eingreifens Jahwes gegen die Völker auf dem Zion besonders im Klagelied eine beträchtliche Akzentverschiebung verbunden, die in der Tat als Ansatz eines Individualisierungsprozesses verstanden werden kann: Die Feinde sind nicht mehr wie in den Gebeten des Königs die Völker im wörtlichen Sinn, fremde Staaten, die den eigenen Staat bedrohen, sondern Feinde[268], die den Mittler, der auf Jahwe als seinen Fels vertraut, angreifen, weil er entweder überhaupt kein Jahwewort (vgl. Jr. 28,11), oder weil er nur ein Unheilswort kannte. Der Beter betrachtet sie als Feinde Jahwes, die nicht mehr als Israel anerkannt, sondern in geprägter Sprache als "die Völker" profanisiert werden. Um die Voraussetzung dieser Sicht der Feinde in den Gebeten des Mittlers klar zu machen; ist auf Situationen zu verweisen, wie sie etwa 1 Kö 22; Am 7,10—17; Jr 28 zugrunde liegen. Das Unheilswort Jahwes führt zur Differenzierung innerhalb Israels. Die Ankündigung des Unheils spaltet das Gottesvolk in solche, die dem Wort Jahwes glauben und umkehren und solche, die das durch den Mittler verkündigte Wort zu unterdrücken und den Mittler einzuschüchtern oder zu vernichten suchen.

---

267 Mowinckel, PsSt VI, S. 48ff.; vgl. Psalms II, S. 25; S. 56f.; S. 82; S. 85ff.; S. 91ff.
268 vgl. die nachdrückliche Betonung dieses Sachverhaltes durch Westermann, ZAW 66 (1954), S. 66

Gunkel[269] hat richtig erkannt, daß die Situation, die in den meisten Klageliedern anklingt, durch "die furchtbare Entscheidung über Leben und
Tod" gekennzeichnet ist.

Die Horizontbestimmung für צור als Anrede[270] und Bezeichnung
Jahwes[271] oder der Charakterisierung seiner Selbstaktualisierung[272] in indi-
viduellen Gebeten wird durch die Untersuchung von צור als Bezeichnung
Gottes (absolut; mit einem anderen Suffix als dem der 1. Pers. Sg. mit
Genitiv; mit Genitiv, der durch ein anderes Suffix als das der 1. Pers. Sg.
determiniert ist) in anderen Zusammenhängen abgeklärt und abgesichert:

Der Gebrauch von צור als Bezeichnung Jahwes außerhalb individueller
Gebete ist in aktueller Verkündigung mit dem Zion eng verbundener Propheten einerseits (Js 17,9–11; 30,27–33; Ps 75,5f.) und in reflektierenden
Texten der Kultprophetie am vorexilischen Zionsheiligtum (Dt 32,1–43;
vgl. 2 Sa 2,2–9) sowie der levitischen Kreise am zweiten Tempel (Ps 78)
verankert[273]. Sie erweist sich so als ein spezifisches Theologumenon der
Kreise des Jerusalemer Kultpersonals, die mit der Vermittlung der Offenbarung Jahwes am Zionsheiligtum betraut waren.

Wurde in einem ursprünglicheren Stadium der religionsgeschichtlichen Entwicklung die Gottheit wohl mit dem "heiligen Felsen" in irgendeiner Form
identifiziert, so ist diese Vorstellung in den von uns untersuchten Quellen
nicht mehr wirksam. Der "heilige Fels" ist vielmehr der Ort, an dem sich
Jahwe aktuell als צור, als der, der sein Volk schützt, der gegen die Chaos-
mächte und gegen "die Völker" (vgl. Ps 46; 48; 76) einschreitet, offenbart[274].

269 Einl., S. 185
270 Absolut; mit Suffix der 1. Pers. Sg.; mit Genitiv der durch Suffix der 1. Pers. Sg.
    determiniert ist
271 Mit Suffix der 1. Pers. Sg.; mit Genitiv, der durch Suffix der 1. Pers. Sg.
    determiniert ist
272 Mit Genitiv, der durch das Suffix der 1. Pers. Sg. determiniert ist; mit vorange-
    stelltem לי und nachfolgendem Genitiv
273 s.o.S. 53f. und 67f.
274 Zur theologischen Bedeutung des Zionsheiligtums in nachexilischer Zeit vgl. z.B.
    die Vorstellung von der "Stadt auf dem Berge" in Texten wie Js 60; 2,1–4

B. Erhellung des Horizontes der Anrede und Bezeichnung Jahwes als סלע

Die stark nach formalen Gesichtspunkten differenzierende Untersuchung des Kapitels A. hat gezeigt, daß die Anrede, Bezeichnung und Aussage der Selbstaktualisierung Jahwes als צור im Gebet eines Individuums im gleichen Horizont stehen, dessen grundsätzliche Beziehung zum Gebrauch von צור in aktueller prophetischer Verkündigung oder reflektierenden Zusammenhängen, die das Selbstverständnis bestimmter Mittler-Kreise erschließen, steht. Deshalb ist es gerechtfertigt, im folgenden auf eine streng nach formalen Kriterien gegliederte Darstellung zu verzichten.

סלע begegnet als Anrede und Bezeichnung Gottes im AT nur in Psalmen:

> *Ich will dich 'erheben', Jahwe, meine Stärke,*
> *' ' mein Fels (סלע), meine Burg, mein Retter,*
> *mein Fels (צור), bei dem ich mich berge,*
> *mein Schild und Horn meines Heils ' '[1].*
> *(Ps 18,3; vgl. 2 Sa 22,2f.)*

> *Neige dein Ohr zu mir,*
> *eilends errette mich!*
> *Werde mir zum schützenden Fels (צור מעוז),*
> *zur Burg, mir zu helfen.*
> *Denn du bist mein Fels (סלע) und meine Burg.*
> *Um deines Namens willen wirst du mich führen und leiten.*
> *(Ps 31,3f.)*

> *Ich spreche zu Gott, meinem Fels:*
> *Warum hast du mich vergessen?*
> *Warum muß ich in Trauer gehen,*
> *vom Feinde bedrängt?*
> *(Ps 42,10)[2]*

---

1 zur Begründung dieser Übersetzung s.o.S. 31 Anm. 6–9

2 In Js 31,9 ist סלע mit auf Assur sich beziehendem Suffix der 3. Pers. Sg. Masc. sicher nicht auf den Gott Assurs, sondern, wie der parallelismus membrorum nahelegt, auf seinen König zu deuten. Allerdings liegt auch in dieser Verwendung durch Jesaja ein indirekter Hinweis auf den Gebrauch von צור als Gottesbezeichnung vor: dem schützenden Gott Israels wird der durch Jesaja entgöttlichte Schützer Assurs entgegengesetzt. Diejenigen, die סלע in Js 31,9 ändern (Duhm, Jesaja, S. 233; Fohrer, Jesaja, S. 115), verkennen diesen bewußt beabsichtigten Effekt.

סלע ist dabei stets durch das Suffix der 1. Pers. Sg. determiniert. In Ps 18,3 steht סלעי als Anrede Jahwes im synonymen parallelismus membrorum mit צורי. Es ist in dem durch eine Anhäufung von Prädikationen der Schutzfunktion Jahwes geprägten Zusammenhang analog zu צורי zu interpretieren[3]. Es ist als sprachliche (und durch die Zusammenordnung steigernde) – inhaltlich gleiche – Abwechslung für צור zu verstehen. Das gilt entsprechend für die Bezeichnung Jahwes als סלעי in Ps 31,4 = 71,3, die im unmittelbaren Zusammenhang der Bitte des Beters um die Selbstaktualisierung Jahwes als צור begegnet[4].

Die aufgrund des parallelen Gebrauchs von צור und סלע in Ps 18, Ps 31 und Ps 71 zu erhebende Behauptung ihrer vollen Auswechselbarkeit wird dadurch bestätigt, daß sich auch die ohne צור stehende Bezeichnung Jahwes als סלעי in die für den Gebrauch von צור festgestellte Bedingung einfügt, daß es sich als Anrede und Bezeichnung Jahwes als Ausdruck seiner sich in seiner Offenbarung erweisenden Schutzfunktion nur im Munde von Personen findet, die im Kult eine hervorragende Rolle spielen, ja die geradezu institutionell mit der Vermittlung des aktuellen Wortes Jahwes betraut sind. Die Situation des Beters in Ps 42/43[5] ist dadurch gekennzeichnet, daß er einerseits von dem Ort, da er Jahwes Angesicht sehen kann (43,3) getrennt ist und andererseits nicht ohne einen Offenbarungsakt Jahwes (vgl. die Bitte um אור und אמת Jahwes Ps 43,3) zurückkehren kann. Da die seine Rückkehr in seine erfüllte Existenz im Heiligtum Jahwes (Ps 43,4[6]; vgl. Ps 42,5[7]) ermöglichende Offenbarung aussteht, sieht er sich von Jahwe vergessen (42,10), ja von Jahwe verworfen (43,2). Diese Klage wird unerhört gesteigert dadurch, daß der Beter gerade bei seinen Aussagen des Vergessen- und Verworfenseins durch Jahwe an Jahwe in seiner genau entgegengesetzten Funktion appelliert

---

3 s.dazu o. S. 31ff.
4 s. dazu o.S. 78ff.
5 Die Zusammengehörigkeit der Ps 42 und Ps 43 zu einem Liede kann nicht bestritten werden. Zu den Belegen vgl. die Komm.; vgl. auch Eissfeldt, Einl., S. 85; Fohrer, Einl., S. 311; Rowley, Bibl. 21 (1940), S. 45ff.; Wanke, Zionstheologie, S. 9
6 Ich lese in Ps 42,9 mit Gunkel, Psalmen, S. 182: יומם אצפה וחסדו בלילה und anschließend für אשירה שירה .
7 vgl. die auffallende Berührung in diesem Zug mit dem Klagelied des Propheten Micha 7,1–7, in dem der Prophet angesichts der trostlosen Zustände in seinem Volk "ausspäht" nach Jahwe und "harrt" auf den Gott seiner Hilfe. Der Hinweis des Propheten Mi 7,2, daß der חסיד aus dem Lande verschwunden ist, führt zum richtigen Verstehen des גוי לא־חסיד in Ps 43,1: bezieht sich auf das Volk des Beters.

(‏סלעי‎ 42,10; ‏אלהי מעוזי‎ 43,2). Das Festhalten an dieser Funktion Jahwes, das die Aktualisierung dieser Funktion sachgemäß in seiner Offenbarung Jahwes an den Beter (43,3; 42,9[8]) erhofft[9], auch wo er Jahwe in dieser Funktion nicht erfährt, führt zur Bedrängnis durch die Feinde, die seine Zerschlagenheit schmähen, ja sie dadurch vergrößern, daß sie ihn durch die Frage (die er sich bohrend selbst stellen mußte — 42,4): wo ist nun dein Gott? (42,11) dabei behaften, daß er ein Widerspruch in sich selbst ist: Daß er, der zu Gott nach seiner Aussage in einem durch ‏סלע‎ und ‏מעוז‎ gekennzeichneten Verhältnis steht, der früher Jahwes Angesicht sehen durfte, d.h. der Jahwes Offenbarung erfahren und mitteilen durfte, jetzt ohne ein aktuelles Wort bleibt[10], das ihm die Möglichkeit zum Bekennen Jahwes zur Zither in seinem Heiligtum gäbe (43,4) und ihn damit gegenüber seinen Feinden[11] bestätigte und ins Recht setzte (43,1). Wir müssen vermuten, daß dieser Widerspruch zur Verbannung[12] des Beters vom Heiligtum in Jerusalem geführt hat. Denn eine Aufhebung dieses Widerspruchs, das Orakel, das — um mit Gunkel[13] zu reden — Jahwe "als den Rettenden" und den Beter "als seinen Schützling beglaubigen" würde, hätte die Rückkehr des Beters in den Tempel zu 'Jahwes' Altar[14] und die erneute aktive Teilnahme am Gottesdienst zur Folge (43,4).

Es liegt auf der Hand, daß der Beter nicht irgendein krankes Individuum[15], sondern ein Mitglied des Kultpersonals war, das Jahwes Offenbarung empfing und sie bekennend vor der Kultversammlung mit Musikbegleitung

---

8 s.S. 93, Anm. 5

9 s.S. 93, Anm. 6

10 Dieser Sachverhalt ist der Intuition Gunkels, Psalmen, S. 178, nicht entgangen, wenn er in den Feinden Leute sieht, "mit denen er (der Beter), als er noch im Glück war, manchen Strauß über die Religion geführt, und denen er damals Gottes Schutz über seinen Frommen gepredigt haben mag". Daß dieser "Prediger" irgendein Laie sein soll (wie Gunkel, Psalmen, S. 180 offenbar annimmt), ist von Gunkels Vorurteilen her zu verstehen und nicht haltbar.

11 vgl. S. 93 Anm. 7.

12 Es gibt keinen Grund, die Ortsangabe in Ps 42,7 gleichsam mythologisch zu verstehen wie Schmidt, Psalmen, S. 80. Allerdings kann sie auch nicht zu willkürlichen Kombinationen wie der Delekats, Asylie, S. 148ff. als Grund beansprucht werden.

13 Psalmen, S. 187

14 vgl. ABH

15 Kraus, Psalmen, S. 320 (noch hypothetisch erwägend), S. 321 (schon sicher behauptend); Gunkel, Psalmen, S. 178; Mowinckel, PsSt I, S. 43; die kriminalistische Spekulation von Delekat, Asylie, S. 148ff. entbehrt vollends jeder Grundlage. vgl. auch Weiser, Psalmen, S. 234, der sich allerdings auf eine andere Rekonstruktion von Ps 42,5 stützt.

vortrug[16]. Eine speziellere Bestimmung der Person des Beters, sowie eine genauere Datierung sind nicht möglich[17]. So kann auch die verlockende Herleitung des Liedes von einem Korahiten[18] — nur nicht einmal wahrscheinlich zu machende — Vermutung bleiben.

Der Gebrauch von סלע in Ps 42,10 kann entweder der Phase b unseres für צור angenommenen Schemas zugehören (dafür sprächen die Berührungen mit Mi 7,1—7) oder einem Arm des Traditionsstromes zwischen b und c. Sicherheit ist aber nicht zu gewinnen.

Als Ergebnis können wir festhalten: Die Anrede und Bezeichnung Jahwes als סלע steht wie die Anrede und Bezeichnung als צור im Horizont der Offenbarung Jahwes am Zionsheiligtum, die durch eine institutionell mit der Vermittlung des Heils und des Schutzes betraute Person vermittelt wird. Jahwe wird dabei von dem Beter im individuellen Gebet als sein Fels (סלעי) bezeichnet, dessen Aufgabe sich in der Erschließung der aktuellen Offenbarung am "Heiligen Felsen" erfüllt: der Tradition des Jerusalemer Stadtheiligtums entsprechend in erster Linie der König (Ps 18; 144,1—11), dann der Prophet (Ps 42/43?) oder ein Tempelsänger der nachexilischen Zeit (Ps 31; 71; 42/43?).

Gegenüber dem Gebrauch von צור tritt der Gebrauch von סלע als Anrede und Bezeichnung Jahwes stärker zurück. Er ist auf Psalmen, in denen ein Individuum betet, beschränkt, begegnet also nie wie צור in aktueller prophetischer Verkündigung, die einer Mehrzahl das צור -sein Jahwes ansagt, oder in theologischer Reflexion über das "Fels-sein" Jahwes. Die Anrede und Bezeichnung Jahwes als סלע erscheint demnach als eine gleichwertige dichterische Variante der Psalmentradition zu צור.

---

16 Der Psalm hat schon immer die Auslegung zum richtigen Verstehen der Person des Beters als eines Mitgliedes des Kultpersonals oder einer in jedem Falle exponierten Persönlichkeit gedrängt. vgl. für die ältere Auslegung die Zusammenstellung bei Gunkel, Psalmen, S. 180; Bentzen, Messias, S. 20 denkt an einen König; dagegen — ohne Angabe von Gründen — Wanke, Zionstheologie, S. 10

17 vgl. Kraus, Psalmen, S. 318, der wie Gunkel, Psalmen, S. 180, Fohrer, Einl., S. 311 vorexilische Herkunft für wahrscheinlich hält.

18 vgl. Wanke, Zionstheologie, S. 10

C. Erhellung des Horizontes der Anrede und Bezeichnung Jahwes als מצודה

מצודה als Anrede oder Bezeichnung Gottes begegnet nur in Psalmen, in denen ein Individuum betet: Ps 18,3 = 2 Sa 22,4; Ps 31,4; 71,3; 91,2; 144,2. In Ps 18,3 = 2 Sa 22,4 und Ps 144,2 betet der König[1]. In 18,3 steht מצודתי in unmittelbarer Parallele zu סלעי und צורי[2], in 18,3 und 144,2 in bezeichnender Nachbarschaft zu מגני[3]. In Ps 31,4 und 71,3 wird מצודתי parallel zu סלעי[4] und im näheren Kontext der Bezeichnung Jahwes als צור מעוז[5] gebraucht. In Ps 31,4 spricht ein Mitglied des Kultpersonals aus der nachexilischen Zeit und in Ps 71,3 ein levitischer Tempelsänger oder Prediger am zweiten Tempel[6]. Die Schwierigkeit der Bestimmung der Person des Beters in Ps 91,1f. wird meist durch textkritische Operationen nivelliert[7], so daß der ganze Abschnitt v.1−13 im Munde e i n e s Sprechers erscheint. Dieser Sprecher wird meist als Priester verstanden[8]. Der in v.1−13 Angeredete, dem auch das in v.14−16 mitgeteilte Orakel gilt, ist dann ein beliebiger Israelit, der in irgendeiner persönlichen Bedrängnis um ein Orakel im Tempel nachgesucht hat. Diese Interpretation wird widerlegt durch die Tatsache, daß mit כי in v.3 (vgl. auch v.14!) eine neue Rede eingeleitet wird[9] und daß das sich in 1f. aussprechende Selbstverständnis weder im Munde eines beliebigen Israeliten denkbar ist

---

1 vgl. oben S. 32ff.; S. 45
2 s.o. S. 31ff.; S. 93
3 מן wird bezeichnenderweise auch für den irdischen König gebraucht (Ps 89,19; vgl. Ps 47,10). Als Gottesbezeichnung steht es wahrscheinlich im Horizont des Verständnisses Jahwes als König. (Aus Zeit- und Raumgründen mußte eine entsprechende Analyse der Bezeichnung Jahwes als מן aus der vorliegenden Untersuchung ausgeklammert werden.) vgl. auch die überzeugenden Ausführungen von Kaiser in ZAW 70 (1958), S. 107ff.
4 s.o.S. 92f.
5 s.o.S. 77ff.
6 s.o.S. 82; S. 79f.
7 Es ändern: in 2: in יאמר Kittel, Psalmen, S. 301; Kraus, Psalmen, S. 635; in אֹמַר (Hier; Peschitta) Duhm, Psalmen, S. 345; Weiser, Psalmen, S. 412; Delekat, Asylie, S. 235; in 1: ישׁב , in 2: אֹמַר Grimme, zur Stelle; Buhl, zur Stelle; in 2: in אֹמַר Hitzig, Psalmen, S. 238f.; Wellhausen; durch Einsetzung von אשׁרי am Anfang von 1 und Lesung von אֹמַר in 2: Hupfeld, Psalmen, S. 376; Olshausen, Psalmen, S. 372f.; Gunkel, Psalmen, S.406; Bertholet, Psalmen, S. 222; durch Einsetzung von אשׁרי , aber Lesung von אֹמַר in 2: Schmidt, Psalmen, S. 171
8 Gunkel, Psalmen, S. 406; Weiser, Psalmen, S. 413; Mowinckel, PsSt III, S. 103 (der den Psalm als Teil einer längeren Krankenheilungsliturgie versteht); Kraus, Psalmen, S. 635 denkt an einen Frommen, der aufgrund eigener Heilserfahrung einen anderen belehrt und anleitet.
9 So Eissfeldt, WO 2 (1954−59) (1957), S. 346 (Kl. Schriften III, S. 445)

noch (wenn man die 1. Pers. eliminiert) ihm von einem anderen zugesprochen werden kann: Es kann sich nur um eine Person handeln, die mit dem Heiligtum stärker als durch gelegentliche Besuche verbunden war[10], nämlich ein Mitglied des Kultpersonals.

Das in 14—16 wiedergegebene Orakel hat die Funktion, zu bestätigen, daß der Angeredete in der durch v.1f. angegebenen Heilssphäre bleiben[11] und seine Funktionen voll ausüben darf. Seine (von Jahwe) erfüllte Aufgabe im Heiligtum besteht offenbar darin, die auf sein Rufen (nicht einmalig! vgl. das Tempus) erfolgenden Antworten Jahwes zu empfangen und zu vermitteln (ענה v.15), oder anders ausgedrückt, das Heil Jahwes zu schauen (v.16; zu הראה von Jahwe in prophetischem Zusammenhang ausgesagt vgl. Jr 14,1; 38,21; Hs 11,25; 40,4; Am 7,1.4.7; 8,1; Ha 1,3; Sa 2,3; 3,1). Die Qualifizierung des Angeredeten als einer Person, die Jahwes Namen kennt (v.14), bestätigt diesen Sachverhalt. Die Aussage, daß Jahwe vor Menschen seinen Namen kundtut oder daß Menschen Jahwes Namen kennenlernen sollen, findet sich nur in Zusammenhängen, in denen Jahwe durch sein als Theophanie erwartetes Einschreiten gegen die Völker (oder bei ihrer freiwilligen Unterwerfung! Jr 16,19—21) Heil für sein Volk schafft (Js 52,6; 64,1; Hs 39,7).

An allen drei Stellen steht dieses Heil in unmittelbarer (Js 52,6; Hs 39,7) oder mittelbarer Beziehung zum Zion (Js 64,1).

Der Zusammenhang zwischen dem als Theophanie gewerteten Kundtun des Namens Jahwes und dem am Zionsheiligtum zu lokalisierenden Völkerkampfmythos wird dadurch gestützt, daß in dem sicher diesen Mythos aufnehmenden Zionspsalm 76 in v.2 eine gewisse Parallele zu dem Kundtun des Namens Jahwes vorliegt.

---

10 Diese richtige Konsequenz haben Eissfeldt, WO 2 (1954—59) (1957), S. 346f. (Kl. Schr. III, S. 445ff.) und indirekt Schmidt, Psalmen, S. 171f.; Delekat, Asylie, S. 237ff. gezogen, die allerdings in der Bestimmung der Person des Sprechers von v.1f. erheblich voneinander abweichen. Eissfeldt (S. 347; Kl. Schr. III, S. 445ff.) denkt an einen prominenten Verehrer des Gottes 'Eljon-Schaddaj, evt. sogar den Priester Zadok oder an Arauna. Schmidt, Psalmen, S. 171f. faßt v.1 als den Gruß eines Wallfahrers an einen Priester.
Delekat, Asylie, S. 237 sieht — im Rahmen einer unbewiesenen Spekulation freilich — in v.1—4 die Beschreibung des Angeredeten als Asylflüchtling.
11 Delekat, Asylie, S. 237 sieht ebenfalls in dem Orakel die Entscheidung darüber, ob der Angeredete im Heiligtum bleiben kann. Von seiner durchgehenden Hypothese her versteht er es als Bedingung der durch Salbung zu tätigenden Aufnahme des Asylflüchtlings.

Es ist unmittelbar einsichtig, daß eine Aussage mit einem derart gefüllten Horizont wie die von Ps 91,14b nicht einfach Heilszuspruch an ein beliebiges Individuum sein kann. Sie wird nur verständlich, wenn der Angeredete als Person verstanden wird, die in ihrer Existenz mit der Aktualisierung dieses Horizontes verbunden ist, nämlich wenn sie – vermutlich als Prophet (vgl. die Bedeutung dieser Tradition z.B. bei Jesaja) – als Mitglied des Jerusalemer Kultpersonals gesehen wird[12]. Dafür spricht eindeutig die Dimension, in der in der Explikation (3–13) des Orakels Jahwes Ja zu dem Angeredeten aktuell wird: In einem Geschehen, in dem Tausende zu Seiten des Angeredeten fallen, läßt ihn Jahwe die Vernichtung der רשעים schauen (7f.). Das in Ps 91 gebotene und explizierte Orakel:

"Weil er an mir hängt, rette ich ihn,
schütze ich ihn, denn er kennt meinen Namen.
Ruft er mich an, so erhöre ich ihn,
ich stehe bei ihm in der Not,
ich befreie ihn und bringe ihn zu Ehren!
Mit langem Leben sättige ich ihn,
lasse ihn schauen mein Heil!"
(v.14–16)

dient offenbar dazu, den Angeredeten, den seine (Unheils-)Verkündigung in Gegensatz zu den רשעים gebracht hat, zu stärken und zu bestätigen[13]. Anders gesagt: Ps 91,14–16 bietet ein Orakel, wie es z.B. in Ps 42/43 erwartet wird. Nur ist der Beter von Ps 91,1f. und der Angeredete in Ps 91,3–16 in einer ungleich besseren Situation als der Beter in Ps 42/43: Er ist im Heiligtum und darf bleiben.

Die auffallende Tatsache, daß der Duktus der Gedanken in Ps 91,3–13 – freilich in Gegenbewegung – eine gewisse Entsprechung zu bisher schon analysierten Klageliedern sowie den Konfessionen des Jeremia aufweist, spricht für unsere Interpretation des Psalms.

12 Wenn Eissfeldt wohl mit seiner Vermutung der Person des in 91,3–16 Angeredeten zeitlich zu hoch gegriffen haben dürfte (vgl. z.B. zur Wendung בי חשק Dt 7,7; 10,15; 21,11; sowie die Tatsache, daß die Parallelen zur Vorstellung ידע שמי einschließlich Ps 9,11 spät sind), so hat er doch richtig die Struktur des Selbstverständnisses des hier sprechenden Personenkreises erkannt, der in der Tat in der israelitisch rezipierten Tradition eines Zadok oder Nathan steht, wie sie z.B. in der Verkündigung Jesajas spürbar wird.

13 vgl. z.B. Js 8,11–15 (s.o.S. 82f.) oder auch Ps 9/10 (Es hindert uns nichts, in den ידעי שמך in Ps 9,11 eine ähnliche Gruppe zu sehen wie den Jüngerkreis, in den Jesaja seine Botschaft versiegelt).

Als Befund der Untersuchung können wir zusammenfassen: Die nur in Individualpsalmen begegnende Anrede und Bezeichnung Jahwes als מצודה ist zu verstehen im Horizont der Theophanie Jahwes auf dem Zion, in der sein Einschreiten gegen die "Völker" zum Heil für sein Volk aktualisiert wird. Die Anrede und Bezeichnung Jahwes als מצודה ist typischer Ausdruck des Selbstverständnisses der Personen, die existentiell mit dieser Aktualisierung verbunden sind: König (Ps 18; 144); Prophet (Ps 91); levitischer Tempelsänger oder Prediger der nachexilischen Zeit (Ps 31; 71).

D. Erhellung des Horizontes der Bezeichnung Gottes als משגב

משגב als Gottesbezeichnung wird nur in Psalmen gebraucht. In den Zions-psalmen 46 und 48 steht die Aussage, daß Jahwe משגב für eine bestimmte Gruppe ist (46,8.12[1]) oder sich als משגב erweist (48,4) im unmittelbaren Zusammenhang des Motivs des Kampfes Jahwes gegen die Völker.

Jahwe ist auf dem Zion nicht als משגב statisch "da": Er erweist, er offen-bart, er erschließt sich (נודע) im Zionsheiligtum aktuell als משגב. Der Kehrvers in Ps 46,8.12 muß geradezu als die (sich vielleicht wiederholende) Auslegung einer Aktualisierung des Völkerkampfmotivs verstanden wer-den:

> *Jahwe der Heerscharen ist mit uns*
> *eine Burg ist uns der Gott Jakobs*
> *(v.8 = v.12)*

In Ps 46,12 ist er sogar direkt eine dem eigenen Volk Heil zusprechende Explikation der drohenden Gottesrede an die Völker:

> *Laßt ab und erkennt, daß ich 'Jahwe'[2] bin,*
> *erhaben unter den Völkern, erhaben auf der Erde*
> *(v.11).*

Jahwe ist darin משגב für die ihm vertrauende Gemeinschaft, daß er in seiner Offenbarung auf dem Zion sein urzeitliches Einschreiten gegen die Völker vom Zion (als dem Götterberge) aus aktualisiert.

In diesem Horizont steht eindeutig die Bezeichnung Jahwes als משגב für einen Einzelnen:

> *Ich will dich 'erheben'[3], Jahwe, meine*
> *Stärke[4], mein Fels, meine Burg, mein Retter,*
> *mein Fels, bei dem ich mich berge, mein*
> *Schild und Horn meines Heils[5]*
> *(Ps 18,3[6])*

---

1 Im Vergleich zu 18,8ff.41.48; 59,6−9.12; 144,5f.; 94,2.10
2 So wird wohl im elohistisch redigierten Psalter zu lesen sein.
3 s.o. S. 31, Anm. 6
4 s.o. S. 31, Anm. 7
5 s.o. S. 31, Anm. 8
6 vgl. 2 Sa 22,2f.

'Mein Hort'[7]*, auf dich will ich harren,*
denn 'du'[8]*, 'Jahwe'*[9]*, bist meine Burg*
(Ps 59,10 = 18)

Meine 'Stärke'[10] *und meine Burg,*
meine Feste (מִשְׂגָּב *) und mein Retter,*
mein Schild, auf den ich traue,
der mir 'Völker'[11] *unterwarf*
(Ps 144,2)

sowie die Aussage, daß Jahwe einem Beter zu מִשְׂגָּב geworden ist:

Ich aber besinge deine Macht,
ich bejuble am Morgen deine Gnade,
denn du bist mir zur Burg geworden,
zur Zuflucht am Tage der Bedrängnis
(Ps 59,17)

Jahwe wurde mir zur Burg und Gott zum Fels der Zuflucht
(Ps 94,22).

Für die Psalmen 18 und 144, in denen der König betet, sowie für Ps 94, in dem der gesetzestreue Weisheitslehrer der nachexilischen Zeit spricht, ist dieser Zusammenhang unmittelbar einleuchtend: in ihnen bezeichnet jeweils die Person Jahwe als מִשְׂגַּבִּי oder bekennt, daß Jahwe ihr מִשְׂגָּב geworden sei, die in ihrer Existenz mit der Vermittlung des Schutzes Jahwes durch eine Theophanie für die ihr anvertraute Gemeinschaft betraut ist. Damit ist auch die Richtung für die Bestimmung des Beters in Ps 59 angegeben.

Die Unmöglichkeit, in dem Beter des Ps 59 nach dem vorliegenden Text irgendeinen von Feinden bedrängten Israeliten zu sehen, wird indirekt von Schmidt[12] bestätigt, der — als einziger der neueren Ausleger, die den Beter als Privatmann verstehen wollen, konsequent die Verse 6.9.12 und 14b willkürlich eliminiert. Dagegen hat die Auffassung von Bentzen[13] und Kaiser[14], in dem Beter den König zu sehen, mehr Gewicht.

---

7 lies עֻזִּי
8 Ich füge mit Hier und Peschitta אתה hinzu.
9 lies so im elohistisch redigierten Psalter
10 Ich lese חֶסְנִי für חַסְדִּי
11 c pl MSS 'A Hier Peschitta, Targum; vgl. Ps 18,48
12 Psalmen, S. 113
13 Messias, S. 20
14 ZAW 70 (1958), S. 114, der sich gerade auf die Verse 6.9.12a stützt.

Man muß jedoch fragen, ob die Tatsache, daß die Feinde allgemein als "Völker" (v.6.9), konkret aber ganz offensichtlich als "innere" Feinde gezeichnet werden, deren Waffen ihre Worte sind[15], nicht zu einem anderen Verständnis zwingt. Die im Horizont des Kampfes Jahwes gegen die Völker reflektierte Aussage, daß es beim Einschreiten Jahwes zugunsten des Beters um die Offenbarung des משל -seins Jahwes in Jakob im Blick auf die ganze Welt geht (v.14), macht die Annahme einer innenpolitischen Auseinandersetzung wahrscheinlich. Dafür spricht, daß die "Feinde" freien Zugang zu und Bewegungsfreiheit in der Stadt des Beters haben (v.7 = v.15). Die Verschiedenartigkeit der Existenzweisen des Beters und seiner Feinde scheint uns am klarsten in v.15ff. zum Ausdruck gebracht (vgl. das betonte המה in v.16 und אני in v.17). Wir vermuten, daß יגועון in v.16a durch Buchstabenvertauschung aus יענון (von ענה IV) verlesen wurde. In v.16b lesen wir mit LXX 'A Hier ילינו (von לון). v.16 und v.17 lauten dann in klarem Gegensatz:

Jene singen, um zu essen.
Wenn Sie nicht satt werden, murren sie
(v.16)

Ich aber besinge deine Macht,
ich bejuble am Morgen deine Gnade,
denn du bist mir zur Burg geworden,
zur Zuflucht am Tage der Bedrängnis
(v.17)

Der Vergleich mit den heulenden Hunden (v.15) dient dazu, die Tätigkeit der Feinde zu charakterisieren: Offenbar in Scharen durchziehen sie mit bestimmter Art von Gesang die Stadt. Sie orientieren sich bei ihrem "Singen" nicht wie der Beter ganz an Jahwe, sondern am Verdienst[16]. Man wird geradezu an die Frontstellung in Mi 3,5ff. erinnert, zumal, wenn man die Charakterisierung der Feinde in dem mit ישובו לערב eingeleiteten, vor

---

15 Sie lassen sprudeln mit ihrem Mund. Schwerter sind auf ihren Lippen (v.8). V.13 spricht von der Sünde ihres Mundes, dem Wort ihrer Lippen, ihrem Hochmut, dem Fluch und der Lüge, die sie erzählen.

16 Kann man an abendliche Prozessionen denken? Sicherheit ist nicht zu gewinnen. (Verbform von ערב III?)

der Erhörung des Beters gesprochenen[17] Abschnitt v.7ff. mit berücksichtigt: Die Feinde, die den Beter vernichten wollen, sind innere Feinde. Trotzdem hält er sie für die Verehrer eines anderen Gottes als Jahwe. Denn die Vernichtung der Feinde durch Jahwe entscheidet darüber, daß Jahwe משל ביעקב (v.14) ist. Sie sind nicht verwilderte Subjekte, wie das Bild von den Hunden in der traditionellen Übersetzung glauben machen könnte. Sie sind einflußreich (עזים ; v.4). Weil der Beter, der sich ganz auf Jahwe in seiner Funktion als des Schützers seines Volkes und des Vernichters seiner Feinde wirft, die Widergöttlichkeit der Feinde durchschaut, verfolgen sie ihn. Die Qualifizierung ihrer Rede als Fluch und Lüge (v.13) sowie die Karikierung der Art ihres Auftretens (v.15f.) geben eine gewisse Berechtigung, in ihnen Vertreter eines synkretistischen Jahwekultes zu sehen, denen der Beter des Ps 59 allein gegenübersteht wie Elia am Karmel der Menge der Baalspropheten[18]. Am Karmel hatte die Theophanie Jahwes zur Folge, daß das ganze Volk erkannte: יהוה הוא האלהים. Die in Ps 59 erwartete (und in v.15ff. vorausgesetzte) Theophanie Jahwes wird alle zu der Erkenntnis bringen: יהוה משל ביעקב [19]. Auf die Beziehung des Psalms zum königlichen Zionsheiligtum weist, wie Weiser[20] richtig bemerkt hat, die Anspielung auf den Gott der Lade sowie seine soeben erwähnte Herrschaft in Jakob. Weiser rechnet geradezu mit einer Zugehörigkeit des Psalms zur "Feier der Königsherrschaft Gottes beim Bundesfest im vorexilischen Tempelkult". Der Beter ist im Kreis der prophetischen Mittler des Jerusalemer Heiligtums zu suchen[21].

Ebenso durchzogen von dem Grundton des Kampfes Jahwes gegen die Völker wie Ps 59 ist Ps 9/10, in dem von Jahwe ausgesagt wird, daß er dem Bedrängten (דך) משגב wurde[22], משגב in den Zeiten der Not:[23]

---

17 Der Abschnitt 7ff. weist eine gewisse Parallelität der Struktur zu 15ff. auf. Dem in 15ff. gezeichneten Gegensatz in den Tätigkeiten des Beters und der Feinde nach der Erhörung des Beters durch Jahwe entspricht der Gegensatz der Tätigkeiten des Beters und der Feinde vor der Erhörung des Beters durch Jahwe: die Feinde geifern, Schwerter sind auf ihren Zungen, usw.; der Beter erwartet alles von Jahwe einen offenbaren Einschreiten, das er im Horizont des Kampfes Jahwes gegen die Völker sieht.
18 Zu der hinter der Kultlegende in 1. Kö 18 stehenden Problematik vgl. Würthwein, ZThK 59 (1962), S. 140
19 Im elohistischen Psalter wurde hier wohl ein ursprüngliches "Jahwe" verdrängt.
20 Psalmen, S. 294
21 vgl. auch Kraus' Auslegung der vv. 9–11. Er spricht von einem dem Beter "überkommenen visionären Bild der Jerusalemer Kulttradition", freilich ohne die Möglichkeit der von ihm vorausgesetzten Tradierung intensiver zu reflektieren.
22 lies ויהי
23 lies הצרה

Da 'wurde' Jahwe zur Burg dem Bedrängten,
eine Burg in den Zeiten 'der Not'[24]
(Ps 9,10).

דך ist hier kollektiv zu verstehen; es bezeichnet die Gruppe derer, zu denen
sich der Beter zählt. Das Eingreifen Jahwes zugunsten des Beters (und der
mit ihm verbundenen "Armen") und gegen die Feinde wird im Horizont
des theophanen, schreckenden und richtenden Einschreitens Jahwes gegen
die Völker gesehen (9,6ff.[25] 18.20f.[26]; 10,16), obwohl die Feinde sicher
Gegner des Beters innerhalb des gemeinsamen gesellschaftlichen Bereiches
sind (10,1ff.[27]). Das Ergehen des Beters und Jahwes Offenbarung sind aufs
engste verbunden (10,1). Der Beter und seine Gruppe unterscheiden sich
von ihren Gegnern dadurch, daß sie ihre Existenz ganz von der aktuellen
Offenbarung bestimmt sein lassen, während die Gegner ganz offen andere
Kriterien ihres Handelns wählen und verteidigen und damit die Möglichkeit
der aktuellen Offenbarung Jahwes verdrängen (10,2—11). Diese Auseinandersetzung erinnert in ihrer Struktur an den Kampf Jesajas mit seinen
judäischen Gegnern zur Zeit des sogenannten syrisch-ephraimitischen
Krieges oder des Js 31 zugrundeliegenden Konfliktes. Ihre ausgesproche-
nen Parallelen hat sie jedoch in den sich in Jr 5,12—17 und Zeph 1,12f.
aussprechenden Situationen, in denen jeweils der echte Jahweprophet, der
Jahwes aktuelle Offenbarung als Unheil gegen sein Volk verkündigen muß,
einer Front des Widerspruchs entgegensteht, der soweit geht, dem Propheten die Legitimation durch das Wort Jahwes abzusprechen (Jr 5,13[28]). Die
Ausführung des Gerichtswortes durch Jahwe ist dadurch automatisch Bestätigung des Propheten. Da der Grundbestand von Jr 5 und Zeph 1,2—18
in ihrer Zusammenstellung eine "innere Planmäßigkeit"[29] erkennen lassen,
und die Zusammenstellung deshalb möglicherweise schon auf die beiden
Propheten zurückgeht[30], ist es erlaubt, die Grundlinien dieses weiteren

---

24 Zur Begründung siehe Anm. 22 und 23
25 In dem schwierigen Text v.7f. muß die Lösung in der Erkenntnis des scharfen
   Gegensatzes zwischen Jahwe und den Feinden gesucht werden: (aus v.7 zu rekon-
   struieren?) . . . המה (v.9) . . . הוא
26 lies in v.20 mit 9 MSS 'A ⊖ Hier Targum מורא
27 Auch nach dem schönen Kriminalstückchen, das sich Delekat (Asylie, S. 110ff.;
   vgl. auch die Einl. dieser Arbeit, S. 20.) ausgedacht hat, müssen die Feinde als
   Gegner des Beters innerhalb der gleichen Gemeinschaft verstanden werden.
28 Ich lese mit 1 MS והדבר ; vgl. LXX
29 So Elliger, ATD25, S. 66 zu Zeph 1,2—18
30 zu Jr 5 siehe Rudolph, Jeremia, S. 43, der es der Urrolle zuschreibt; vgl. Eissfeldt,
   Einl., S. 483; vorsichtig Weiser, Jeremia, S. 44; gegen Echtheit: Fohrer, Einl.,
   S. 438; zu Zeph 1,2—18 siehe Elliger, ATD 25, S. 66

"Kontextes" mit in den Vergleich einzubeziehen. Dabei ist bemerkenswert, daß in Zeph 1 und Jr 5 die "Feinde" wie in Ps 9/10 als die einflußreichen Schichten gekennzeichnet werden, deren grundsätzlicher Atheismus sich faktisch in ihrem sozialen Verhalten äußert (Zeph 1,8f.; Jr 5,26ff.). Daß dieser "Atheismus" nicht areligiös ist, zeigen Jr 5,7f.30f.; Zeph 1,5ff. ebenso deutlich wie die Karikierung des Handelns der Feinde in Ps 10,3[31].

Die durch die strukturelle Übereinstimmung der Situation des Beters in Ps 9/10 mit der der Propheten Jeremia und Zephanja an den untersuchten Stellen nahegelegte Vermutung, daß der Beter nicht irgendein "privater" Frommer ist, der den Horizont des offenbaren Einschreitens Jahwes gegen die Völker und seine Feinde vom Zion aus in persönlichem Glauben usurpiert, sondern eine Person, deren ganze Existenz in diesem Horizont erscheint, die geradezu darin existiert, daß sie die Offenbarung Jahwes vermittelt, wird durch die Aussagen in 9,2f.12.15 bestätigt: des Beters erfüllte Existenz steht darin, auf dem Zion die Wunder Jahwes zu verkünden. Er schließt sich dabei in einen größeren Kreis ein (die Elenden, die Jahwes Namen kennen usw.), den er zur gleichen Tätigkeit wohl aufgrund der durch ihn für diesen Kreis vermittelten, wahrscheinlich in Ps 9,10 explizit vorliegenden Offenbarung, zu der gleichen Tätigkeit auffordert. Da die Feinde unbezweifelbar einflußreiche, nach ihrem eigenen Selbstverständnis durchaus nicht areligiöse innere Gegner sind, denen das durch den Beter besungene Heil Unheil bringt, kann der von ihm angesprochene Kreis, dem Jahwe als משׂגב zugesprochen wird, nicht mehr die ganze Volksgemeinde sein, sondern nur ein ähnlicher Kreis, wie er sich z.B. um Jesaja schart (so die Voraussetzung in Js 8,11—15)[32]. Die vom Beter des Ps 9/10 erbetene, erhaltene und vermittelte Offenbarung hat dann eine ähnliche Funktion wie die in Js 8,12—15 zitierte Gottesrede.[33]

---

31 ganz gleich, welche der vorgeschlagenen Korrekturen man wählt. Man könnte sogar versuchen, den MT beizubehalten: "Der Frevler stimmt den Lobpreis an um seines gierigen Begehrens willen; wenn er Profite macht, segnet er" (zum absoluten Gebrauch von הלל vgl. Jr 31,7). Dazu stimmt gut die Aussage von v.7, daß der Frevler mit seiner Zunge "arbeitet", sowie der Vergleich mit Jr 5, wo auch — in v.31 — auf die "falschen" Kultpersonen Bezug genommen wird (vgl. auch Ps 59, 16f. sowie unsere Interpretation S. 102f.).
32 s.o.S. 82f.
33 Da sowohl formale wie auch inhaltliche Gründe für eine sehr späte Datierung des Psalms sprechen, steht dem Verständnis des Beters als eines levitischen Mitgliedes des Kultpersonals am zweiten Tempel nichts entgegen. Zur Spätdatierung vgl. auch die Komm.

Wir fassen zusammen: Die Bezeichnung Gottes als משׂגב erscheint in einem Horizont starker Dynamik, dem Horizont der Aktualisierung des urzeitlichen Kampfes Jahwes gegen die "Völker" vom Zion aus (Ps 46; 48). Dieser Horizont ist unmittelbar angesprochen, wenn der königliche Mittler Jahwe als seine Burg (משׂגב) bezeichnet. Die Selbstaktualisierung Jahwes als משׂגב für den König (Ps 18; 144,1−11) in der Offenbarung auf dem Zion erschließt Heil für das eigene Volk und Sieg über die äußeren Feinde. Dieser weite Horizont, in dem die Bezeichnung Jahwes als משׂגב im Gebet des königlichen Beters steht, wird in den Gebeten des prophetischen Mittlers und des jahwetreuen Weisen eingeengt (Ps 59; 9/10; 94). Mit großer Leidenschaft sieht und erstrebt der Beter das משׂגב -sein Jahwes für sich in der Aktualisierung des Kampfes Jahwes gegen Glieder seines eigenen Volkes, die in geprägter Sprache als die "Völker" profanisiert werden, weil sie der Herrschaft Jahwes, wie sie sich in der durch den Beter vermittelten Offenbarung erweist, widersprechen und selbstsicher eigene Kriterien wählen (Ps 59; 9/10).

E. Erhellung des Horizontes der Anrede und Bezeichnung Jahwes als מחסה[1]

Wie צור findet sich מחסה nur in Psalmen und prophetischen Texten. Es fällt auf, daß sich für מחסה kein der für צור erhobenen Phase a entsprechender Gebrauch nachweisen läßt: Es begegnet niemals im Munde eines Beters, der eindeutig als der König bestimmt werden kann. Unter den Aufzählungen der Gottesprädikate in den Königspsalmen 18 und 144,1—11 findet sich dagegen die Wendung אחסה בו (Ps 18,3) oder בו חסיתי (Ps 144,2), die wegen ihrer Stellung jeweils nur als Gottesprädikat verstanden werden kann[2]. Vermutlich repräsentiert diese Wendung gegenüber der substantivischen Bezeichnung מחסי das ältere Stadium. Es ist leicht zu verstehen, daß die unter einer Aufzählung von substantivischen Gottesprädikaten hart wirkende Formel im Zuge der Entwicklung zum Substantiv abgeklärt wurde[3].

In allen Zusammenhängen, in denen מחסה als Gottesbezeichnung im positiven Sinn gebraucht wird, mit Ausnahme der zweifelsfrei von einem Individuum auch im eigenen Interesse gesprochenen bzw. einem Individuum zugesprochenen Texte[4] herrscht ein ausgesprochenes Interesse am Zion und Jahwes (für sein Volk) heilvollem Einschreiten gegen die Völker von Zion aus.

---

1 מַחֲסֶה und מַחֲסֶה
2 Diese Wendung hebt sich deutlich von dem sonst in den Psalmen üblichen Gebrauch von חסה ab (z.B. Ps 11,1; 16,1; 25,20 usw.). Die Wendung in Ps 18,3 und Ps 144,2 charakterisiert Jahwe, der Gebrauch von חסה an den anderen Stellen kennzeichnet das Verhalten oder die Tätigkeit des Beters.
3 Es ist darauf hinzuweisen, daß die Formel בו חסיתי oder אחסה בו in Ps 144,2 und in Ps 18,3 in unmittelbarer Nachbarschaft von מגן (und צור in Ps 18,3) steht, das in ganz besonderer Weise dem vom König bestimmten Kult zugehört. Andererseits begegnet in Ps 18,31 die Aussage, daß Jahwe מגן ist für alle, die bei ihm Zuflucht suchen (zu חסים בו vgl. Ps 31,20; 34,23; 5,12; 2,12; — textlich unsicher Ps 17,7 —; Na 1,7; Prv 30,5, das fast wörtlich Ps 18,31 entspricht). Wahrscheinlich sind die חסים בו das Volk, für das der König bei dem Gott, der vom König als אחסה בו qualifiziert wird, Heil vermittelt. In Ps 31 und Ps 34, in denen zwischen der Aussage, daß ein Individuum bei Jahwe Zuflucht sucht (Ps 31,2; 34,9), und der Erwähnung der חסים ein ähnliches dialektisches Verhältnis besteht, muß die Ausgrenzung der חסים aus der gesamten Volksgemeinde analog der Bestimmung des sprechenden oder gemeinten Individuums vollzogen werden.
4 Jr 17; Ps 61; Ps 62; Ps 71; Ps 73; Ps 91; Ps 94; Ps 142; Prv 14,26; Ps 14,6

In Ps 46 wird die Tradition unter Historisierung des Chaoswasserkampf-mythos programmatisch ausgesprochen, die an den anderen Stellen (Js 4⁵; Jo 4⁶; Js 25⁷) aktuell artikuliert wird. Die Bezeichnung Jahwes als מחסה für eine Mehrzahl steht also im unmittelbaren Horizont der kultisch gefei-erten und historisch erwarteten machtvollen Offenbarung Jahwes auf dem Zion zu Gunsten seines Volkes.

Es muß gefragt werden, wie eine derart theologisch befrachtete Aussage im Munde eines Individuums dessen Selbstverständnis aussprechen kann[8]. In Ps,18 sahen wir, daß das "Zuflucht-nehmen-können" des Volkes bei Jahwe (v.31) durch das durch die Bezeichnung Jahwes als אחסה בו (v.3) qualifi-zierte Gottesverhältnis des Königs vermittelt wird[9]. In Ps 62 sind ganz offensichtlich das מחסה-sein Jahwes für einen angesprochenen Kreis, viel-leicht die Volksgemeinde, und das durch צורי und ähnliche Prädikate, vielleicht sogar מחסי [10], gekennzeichnete Gottesverhältnis des (prophe-tischen)[11] Beters in einem unmittelbaren, durch ein durch den Beter ver-mitteltes Orakel bestimmten Zusammenhang[12]. Es ist zu prüfen, ob als grundsätzliche Bedingung angenommen werden kann, daß der Beter, der Jahwe als מחסי bezeichnet, existentiell damit betraut ist, das מחסה-sein Jahwes für sein Volk — durch die Offenbarung auf dem Zion — zu ver-mitteln.

In dem Klagelied Jr 17,14—18[13] hält der Prophet an seinem durch מחסי gekennzeichneten Verhältnis zu Jahwe fest, obwohl er seinem Volk in der

---

5   Kaiser, Jesaja, S. 38 gibt mit überzeugender Begründung als geschichtlichen "Ort dieser Heilsweissagung . . . die gottesdienstliche Verlesung des Jesajabuches in der Gemeinde des zweiten Tempels" an.

6   Fohrer, Einl. S. 471 zu 4,1—20 als proph. Lit.

7   s.o.S. 114 Anm. 6

8   Daß sie nicht kontingenter Ausdruck eines frommen Selbstbewußtseins sein kann, wird durch die theologische Normierung bewiesen und braucht nicht erörtert zu werden.

9   s.o. Anm. 3 מחסי

10 So die einhellige Textüberlieferung und so auch wieder die neuesten Ausleger: Weiser, Psalmen, S. 303; Kraus, Psalmen, S. 435; Delekat, Asylie, S. 188. Der parallelismus membrorum legt aber nahe, ein Verbum zu lesen und die Versab-teilung anders vorzunehmen (s. auch ABH). Es ist leicht zu erklären, daß eine Verbform von חסה unmittelbar nach einer Aufzählung von Gottesprädikaten mit Suffix der 1. Pers. Sg. in das in solchen Zusammenhängen geläufige מחסי schon früh geändert wurde. Ein gewisses Indiz dafür ist, daß die Angleichung an den sonstigen Gebrauch von מחסה nicht voll gelungen ist. Vgl. d. ב !

11 s.o.S. 38

12 s.o.S. 36ff.

13 wenn wir nur die unanfechtbar echten Verse nehmen (so Rudolph, Jeremia, S. 107f.)

gegenwärtigen Situation Jahwe nicht als מחסה, sondern als den, der seinem Volk Unheil bringt, verkünden kann. In dieser durch Jahwe zugespitzten Situation (denn der Prophet hat sich doch seiner Heilsfunktion[14] nicht entzogen, er hat den Unheilstag nicht erbeten), kann die Bestätigung des Wortes, das Jahwe durch den Propheten geredet hat (und darin besteht das מחסי-sein Jahwes für den Beter) nur die Vernichtung der Feinde des Propheten zur Folge haben (v.18).

In gleicher Beziehung sind Ps 73[15]; 91[16]; 94[17] und 71[18] zu interpretieren, wie unsere Analyse bereits gezeigt hat. Ebenso entsprechen Ps 61 und 142 der oben angegebenen Bedingung: Der Beter des Ps 61 sieht die Erfüllung seiner Existenz im ständigen Loben des Namens Jahwes in seinem Heiligtum, dem königlichen Tempel von Jerusalem. Er ist aber außerhalb des Heiligtums und kann nicht hingelangen, ohne daß Jahwe ihm hilft. Er ist am Ende der Erde und bittet Jahwe, ihn auf den צור ירום ממני [19] zu führen:

> *Vom Ende der Erde rufe ich zu dir,*
> *während mein Herz verzagt ist.*
> *Auf den Felsen, der zu hoch für mich ist, führe mich*
> *(v.3)*

Ob daraus geschlossen werden darf, daß der Beter in weiter Ferne vom Heiligtum unter Feinden in der Diaspora[20] oder gar in der Verbannung[21] lebte, ist zweifelhaft. Eher möchte man daran denken, daß der Beter mit diesen Worten um die ständige Aufnahme ins Heiligtum nachgesucht hat. Daß er — verglichen mit dem erhofften Sein in der durch Jahwes Offenbarung begründeten Heilssphäre des Heiligtums — seine augenblickliche (oder vergangene) Situation als ein verzagtes Weilen am Ende der Erde bezeichnet, ist selbstverständlich.

---

14 So ganz deutlich im MT; vgl. die Übersetzung von Weiser, Jeremia, S. 143. An der Konkretion, nicht aber an dem grundlegenden Sinn wird durch die im ABH und den Kommentaren vorgeschlagene Konjektur geändert.
15 S. 38ff.
16 S. 96ff.
17 S. 78f.
18 S. 79f.
19 צור kann m.E. hier nur auf den heiligen Fels im Heiligtum in Jerusalem gedeutet werden. Dafür spricht auch v.5. Alle textkritischen Operationen sind unnötig.
20 Gunkel, Psalmen, S. 260f.
21 Kittel, Psalmen, S. 209f.

Die im Hintergrund von v.2f. stehende Situation des Beters ist jedoch nicht die Situation des ganzen Psalms. Weiser[22] betont zu Recht, daß v.4ff. die Anwesenheit des Beters im Tempel voraussetzen:

> *Denn du bist mir Zuflucht geworden,*
> *ein starker Turm vor dem Feind;*
> *ich möchte ewig Gast sein in deinem Zelt,*
> *mich bergen im Schatten deiner Flügel*
> *(v.4f.)*

V.4 würde dann begründend das Handeln Jahwes umschreiben, das zur Aufnahme des Beters geführt hat: Jahwe ist dem Beter מחסה (und starker Turm vor dem Feind[23]) geworden. Es ist keine Überinterpretation, anzunehmen, daß dies durch ein Orakel oder eine andere Art der Gottesoffenbarung geschehen ist. Diesem Orakel gingen Gelübde des Beters und Begehren[24] derer, die Jahwes Namen fürchten, wohl derer, in deren Gemeinschaft der Beter aufgenommen werden soll, voraus (v.6).

Die interessante Frage, ob das Aufnahmeorakel dem Beter selbst unmittelbar oder von anderer Person vermittelt zuteil wurde, ist nicht sicher zu beantworten. Die Aussage, daß Jahwe sich dem Beter als מחסה erwiesen hat, spräche für die erste Möglichkeit. Ebenso könnte man v.5 in Verbindung mit v.6 so interpretieren, daß das Erhören der Gelübde beim Weilen des Beters im Zelt Jahwes unter dem Schatten seiner Flügel, also im Tempel selbst, stattgefunden hat. Unter diesen Aspekten ist die Fürbitte für den König (v.7f.) kein Fremdkörper, sondern Ausübung einer selbstverständlichen Funktion eines (wie zu vermuten ist: prophetischen[25]) Mitglieds des Kultpersonals am königlichen Heiligtum zu Jerusalem[26].

Die Dialektik eines doch schon und noch nicht, die dem Psalm ein gewisses Schillern verleiht, läßt vermuten, daß der Psalm bei der offiziellen Auf-

---

22 Psalmen, S. 301
23 "vor dem Feind" ist hier wohl typische Näherbestimmung von מגדל . Für die Annahme einer konkreten Feindbedrohung reicht das in v.2f. Gesagte als Beweis kaum aus, kann jedoch nicht völlig ausgeschlossen werden.
24 Für das keinen Sinn ergebende ירשׁת lese ich אֲרֶשֶׁת (s. ABH und Kommentare)
25 zur weitgehenden Identität von Tempelsängern und Propheten vgl. Mowinckel, PsSt VI, S. 48ff.; vgl. III, S. 25–29
26 Zu einem ähnlichen Verständnis kommt leider ohne nähere Begründung Delekat, Asylie, S. 244f., der den Psalm als "Erhörungsbekenntnis" eines Asylschützlings interpretiert. Man müßte sich dann jedoch zu der unwahrscheinlichen Annahme entschließen, daß ein beliebiger Asylschützling die normalen Funktionen der Tempelsänger oder -propheten hätte übernehmen können.

nahme des Beters gesprochen wurde, nachdem seine Beglaubigung durch Jahwe de facto schon geschehen war.

Ebenso wie Ps 61 ist Ps 142 das Gebet eines Mannes, der zu Jahwe in einem ganz spezifischen Verhältnis steht, das exemplarische Bedeutung für einen weiteren Kreis hat (v.8).

Da in Ps 142 kein Grund besteht, die Angaben des Beters über seine Situation im übertragenen Sinne zu verstehen, ergibt sich folgendes Bild:

Der Beter befindet sich im Gefängnis (v.8). Daß er selbst seine Situation als Verlassensein von Jahwe deutet, geht aus der zusammenhängenden Interpretation der Verse 4–6 hervor, in denen er sein früheres, sein grundsätzliches Verhältnis zu Jahwe seinem gegenwärtigen Ergehen verzweifelt entgegensetzt:

> *Wenn mein Geist in mir verschmachtet –*
> *du kennst mein Ergehen –*
> *auf dem Weg, den ich gehe,*
> *legten sie mir heimlich Netze.*
> *Blicke ich nach rechts und 'schaue'[27]:*
> *Da ist keiner, der auf mich achtet.*
> *Vernichtet ist mir jede Zuflucht.*
> *Keiner fragt nach meinem Leben.*
> *So schreie ich, Jahwe, zu dir;*
> *ich spreche: Du bist meine Zuflucht,*
> *mein Teil im Lande der Lebendigen.*
> *(v.4–6)*

Der Geist des Beters verschmachtet, dabei ist es doch Jahwe (beachte das betonte אתה![28]), der den Pfad des Beters kennt (ידע; Anteil an ihm hat, sich um ihn kümmert?). Und auf diesem Weg, den der Beter mit Jahwes Wissen (und Billigung?) geht, legen ihm Feinde heimlich Netze (v.4). Wenn er nach rechts blickt (und schaut[27]), wo doch Jahwe als der Helfer zu stehen pflegt (Ps 16,8; 110,5; 121,5), so ist niemand, der auf ihn achtet, ihm Zuflucht ist, sich um ihn kümmert (v.5). In dieser Situation der Verlassenheit, in der Jahwe ihn allein gelassen hat (weil er die Feinde gewähren läßt, den Beter nicht erhört), erinnert der Beter – der Augenblickssituation zum Trotz – an das existentielle Verhältnis, das zwischen

---

27 lies וְרָאֵה
28 das zu streichen (s. ABH), nicht der geringste Grund besteht

dem Beter und Jahwe besteht, das durch die Bezeichnung Jahwes als מחסי und חלקי בארץ gekennzeichnet ist.

Kraus[29] hat richtig beobachtet, daß hier ein Levitenbekenntnis vorliegt. Daß dieses Levitenbekenntnis an dieser Stelle spiritualisiert sei[29], ergibt sich nicht aus dem Text, sondern höchstens aus dogmatischen Prämissen. Zu dem Verständnis des Beters als Leviten (wahrscheinlich als Propheten und Tempelsängers) paßt es gut, daß der Beter das Heilshandeln Jahwes an sich als exemplarisch[30] für den Kreis der צדיקים[31], zu dem er sich wohl zählt, ansieht (v.8). Dafür spricht ebenfalls, daß der Beter seine Aufgabe nach der Haftentlassung im Loben des Namens Jahwes sieht (v.8). Es ist wahrscheinlich, daß der Beter wegen des Weges, den er mit Wissen (und Willen) Jahwes ging (v.4), verfolgt und eingesperrt wurde. Eine eindringliche Parallele ist z.B. Jr 38,1ff. In dieser Situation liegt es nahe, daß der Beter sich auf sein durch מחסי bestimmtes Verhältnis zu Jahwe, damit auf Jahwe selbst, wie er sich dem Beter selbst und durch den Beter als מחסה für die ihm anvertraute Gemeinschaft erweist, stützt. Wenn man sich — mit allem Vorbehalt — dem MT in Ps 14,6 anvertrauen kann, so liefert auch er eine Bestätigung für die von uns erhobene Bedingung von מחסה, das durch ein singularisches Suffix, das sich auf ein Individuum bezieht, determiniert ist[32]. In einer prophetischen "Schelt- und Drohrede gegen die Priester"[33] (vgl. v.4!), wird ausgesagt, daß sie am Plan gegen den עני scheitern, dessen מחסה Jahwe ist (v.6)[34]. Der Zusammenhang legt es nahe, in dem Armen einen Menschen zu sehen, der zum Kreis des prophetischen Sprechers gehört, oder עני kollektiv auf den Kreis des prophetischen Sprechers zu deuten. Im ersten Falle wäre dann der ganze Psalm eine Unterstützungsaktion für einen Propheten, der sich etwa in der in Ps 142 geschilderten Situation befindet.

Wir fassen zusammen: Die nur in Psalmen und prophetischer Literatur begegnende Bezeichnung Jahwes als מחסה erscheint im unmittelbaren

---

29 Psalmen, S. 933
30 vgl. dazu auch Kraus, Psalmen, S. 933; vgl. Schmidt, Psalmen, S. 248
31 Das kann sicher behauptet werden, gleichgültig, welche der vorgeschlagenen Übersetzungsmöglichkeiten — einschließlich der Konjekturen (vgl. die verschiedenen Vorschläge bei Gunkel, Psalmen, S. 601) man für בי יכתרי wählt.
32 Wegen des im ganzen recht unsicheren Textes in Ps 14 = 53 soll hierauf jedoch kein zu großes Gewicht gelegt werden.
33 So richtig Gunkel, Psalmen, S. 232; das wird auch durch die wortreichen Ausführungen von Kraus, Psalmen, S. 104f. nicht widerlegt!
34 zu dieser Übersetzung vgl. Kraus, Psalmen, S. 103, 108; Weiser, Psalmen, S. 110

Horizont der kultisch gefeierten und geschichtlich erwarteten machtvollen Offenbarung Jahwes auf dem Zion zu Gunsten seines Volkes. Die individuellen Gebete, in denen Jahwe als מחסה bezeichnet wird, sind ausgerichtet auf eine durch den jeweiligen Beter zu vermittelnde Offenbarung Jahwes (Ps 61; 71; 73; 91; 94; 142; Jr 17,14—18). Wie מעוז ist מחסה als Bezeichnung Jahwes in der für צור erhobenen und für סלע und מצודה bestätigten Phase a) nicht direkt nachzuweisen. Es entspricht jedoch der in dieser Phase üblichen, — schon als Bezeichnung Jahwes — fest geprägten Wendung אחסה בו (Ps 18,3) oder בו חסיתי (Ps 144,2), die im Zuge der Entwicklung zum Substantiv abgeklärt wurde, weil sie unter einer Aufzählung von substantivischen Gottesprädikaten zu hart wirkte.

Bezeichnete der königliche Mittler deshalb Jahwe als אחסה בו oder בו חסיתי, weil er existentiell die "Heilsoffenbarung" Jahwes für sein Volk vermittelte, so hält der prophetische Beter in extremer Situation am מחסה-sein Jahwes für ihn fest auch, ja gerade in der "Gerichtsoffenbarung" Jahwes gegen sein eigenes Volk (Jr 17,14—18; vgl. Ps 14). Dies gilt vor allem dann, wenn sich das Volk Jahwes nicht bei Jahwe, wie er sich am "Heiligen Felsen" in Jerusalem als מחסה für sein Volk durch seine Mittler offenbart, birgt, sondern מחסה bei anderen Völkern und Göttern sucht (Js 28,14—22).

F. Erhellung des Horizontes von מעוז als Bezeichnung Gottes

מעוז wird als Bezeichnung Gottes nur in Psalmen und prophetischen Texten gebraucht:

In dem das Buch Nahum einleitenden, wahrscheinlich nicht von dem Propheten selbst stammenden Hymnus[1], kennzeichnet מעוז (v.7) den einen Funktionsaspekt der machtvollen Theophanie Jahwes: das Heil für die, die auf ihn hoffen[2], im Gegensatz zur gleichzeitig sich vollziehenden Vernichtung seiner Feinde (v.8b):

> *Gütig ist Jahwe denen, 'die auf ihn hoffen'[2],*
> *eine Zuflucht am Tage der Not*
> *(v.7a)*
>
> *Den Garaus macht er denen, die wider ihn 'aufstehen'[3]*
> *(v.8b).*

Da sich aus dem Hymnus selber keine Angaben über eine kontingente Situation entnehmen lassen, bleibt die Frage offen, ob mit denen, "die auf Jahwe hoffen", das ganze Jahwevolk gemeint ist, oder ob die Grenze durch dieses Volk hindurchgezogen wird[4]. Strukturell ist zwischen beidem nicht zu trennen.

Ebenso eng verbunden mit der Theophanie Jahwes (auf dem Zion) gegen die Feinde ist die Qualifizierung Jahwes als מעוז לבני ישראל (in Parallele zu מחסה לעמו) Jo 4,16 in dem den Tag Jahwes ankündigenden Abschnitt v.13–17 der prophetischen Liturgie 4,1–3.9–20[5] und die Beschreibung der Funktion Jahwes als מעוז für den דל und אביון in Js 25,4 innerhalb des in dem Rahmen der prophetischen Liturgie Js 24,21–25,12 überlieferten Danklieds 25,1–5[6]:

---

1 Zur Frage der Echtheit vgl. Fohrer, Einl., S. 493f. sowie die dortige Literaturübersicht; vgl. außerdem Eissfeldt, Einl., S. 516f.; Elliger, ATD 25, S. 2f. Da eine genaue Datierung des Hymnus wohl schwerlich möglich ist, kann nicht entschieden werden, ob er schon von Nahum selbst übernommen oder erst in exilischer oder nachexilischer Zeit an seinen jetzigen Ort gestellt wurde. Zur Diskussion vgl. Fohrer, Einl., S. 493f.; vgl. auch Eissfeldt, Einl., S. 561f.; Elliger, ATD 25, S. 2f.
2 Ich lese mit LXX לקוֹיו מעוז ; vgl. die Komm.
3 Lies בקמיו
4 vgl. auch Elliger, ATD 25, S. 5
5 Zu dieser Bestimmung vgl. S. 108 Anm. 6
6 Zu dieser Abgrenzung und Bestimmung vgl. Fohrer, Einl., S. 404; vgl. Eissfeldt, Einl., S. 435 (Hymnus); vgl. Henry; Glaubenskrise, S. 20; zur Stellung im jetzigen Zusammenhang (mit Jahwes Gericht über die Könige) s. Henry, Glaubenskrise, S. 182

Jahwe brüllt vom Zion
und von Jerusalem läßt er seine Stimme erschallen,
daß Himmel und Erde beben.
Aber Jahwe ist seinem Volke Zuflucht (מחסה)
und ein Schutz (מעוז) den Israeliten
(Jo 4,16).

Denn du bist zur Zuflucht geworden dem Armen,
eine Zuflucht dem Elenden, als er in Not
(Js 25,4a).

Für unsere Untersuchung ist es interessant, daß auch in der kurzen Liturgie Jr 16,19–21[7], in der ein Individuum[8] Jahwe als מעוזי bezeichnet, der Bezug zu der die "Völker" betreffenden Offenbarung Jahwes unmittelbar deutlich wird. Der Zusammenhang läßt sich nur so verstehen, daß das in v.19f. sprechende, in gewisser Weise für die Völker Fürbitte einlegende Individuum, das in v.21 wörtlich angeführte verheißende Jahwewort vermittelt. In der Bezeichnung Jahwes als מעוזי spricht sich die Struktur dieses Gottesverhältnisses aus. D.h. derjenige bezeichnet Jahwe als מעוזי, der die Offenbarung (de facto das מעוז-sein Jahwes für eine bestimmte Personengruppe[9]) institutionell vermittelt[10].

Dieses Ergebnis wird durch den Befund in Ps 31 (v.3: Jahwe soll sich dem Beter als צור מעוז erweisen; v.5: Der Beter nennt Jahwe מעוזי)[11] und in Ps 42/43 (43,2: אלהי מעוזי)[12] bestätigt, in denen freilich der doppelte Aspekt der Offenbarung Jahwes, wie er auch in Na 1,2–8 (9); Jo 4,13–17; Js 25,1–5 zum Ausdruck kam, ausgesprochen wird.

Da auch an der einzigen Stelle, an der von dritter Seite Jahwe als מעוז eines Individuums bezeichnet wird (Ps 28,8)[13], dieses Individuum nicht irgendein Privatmann ist, sondern eine im Jahwekult relevante Person,

---

7 Die Echtheit ist sehr unwahrscheinlich. Vgl. die von Rudolph, Jeremia, S. 103ff. geltend gemachten Gründe; vgl. Fohrer, Einl., S. 438; anders Weiser, Jeremia, S. 141
8 vgl. auch Weiser, Jeremia, S. 141. Anm. 2
9 s.zu Jo 4,16; Js 24,4 oben S. 108. Der doppelte Aspekt der Offenbarung Jahwes, des Schutzes der auf "ihn Hoffenden" und die Vernichtung seiner Feinde (oder der "Völker") fällt in Jr 16,19–21 zusammen, da hier das Heil ja in gewisser Weise für die Völker vermittelt wird.
10 In dem vorliegenden Fall wohl ein Prophet der nachexilischen Zeit. Zur Abhängigkeit von der Predigt Deuterojesajas vgl. Rudolph, Jeremia, S. 103ff.
11 s.o.S. 78ff.
12 s.o.S. 93ff.
13 Zur Struktur von Ps 28 s.o. S. 34

nämlich der König, ist zu prüfen, ob die bisher erhobene Bedingung, daß die Person Jahwe als מעוז bezeichnet, die in ihrer Existenz, d.h. institutionell mit der Vermittlung der Offenbarung Jahwes betraut ist, für den Beter des Ps 27,1–6[14], der Jahwe als מעוז חיי bezeichnet, aufgehoben ist. Die Aussage von Ps 27,3 vor allem hat einige Ausleger veranlaßt, in dem Beter eine hervorragende Person zu sehen: einen Heerführer[15], einen Hohenpriesterfürsten[16] oder einen König[17]:

Wenn sich ein Heer wider mich lagert,
fürchtet sich mein Herz nicht.
Wenn wider mich Krieg ersteht,
vertraue ich trotzdem
(Ps 27,3).

In der Tat kann v.3 – besonders im Blick auf das sich in v.4ff. aussprechende Selbstverständnis – schwerlich nur als Bild, das in einem dann zu postulierenden Demokratisierungsprozeß von einer typischen Situation des Königs auf beliebige Gefahrensituationen eines jeden Israeliten übergegangen sei, interpretiert werden. V.3 gibt vielmehr im Zusammenhang mit v.4ff. den Horizont an, in dem die Vertrauensäußerungen des Beters zu verstehen sind: den Sieg Jahwes über die Völker durch seine Theophanie auf dem Zion. Auffallend ist, daß der Beter sich auf die Offenbarung Jahwes ausrichtet nicht in Begriffen des Redens und Hörens, sondern in denen des Schauens (im speziellen Sinn)[18], zu denen die Bezeichnung Jahwes als אורי in gutem Korrespondenzverhältnis steht:

---

14 So Olshausen und die meisten der späteren Ausleger. Der Versuch von Kraus, Psalmen, S. 221ff., im Anschluß an Schmidt, Psalmen, S. 49ff., Ps 27 als ursprüngliche Einheit zu verstehen, überzeugt nicht, weil lediglich von einer postulierten (an sich nicht völlig unwahrscheinlichen) Situation her, formal deutlich abgegrenzte und in sich geschlossene Einheiten (vgl. die Vertrauensäußerungen in Ps 27 B!) zu einem Zusammenhang zusammengezogen werden, der sich nicht unmittelbar aus dem Text selbst ergibt. Diese Feststellung muß getroffen werden, obwohl der als Einheit verstandene Ps 27 die von uns erhobene Bedingung mindestens in der gleichen Weise erfüllt wie Ps 27 A.
15 Ewald, Die Dichter des alten Bundes I, 2, S. 97
16 Duhm, Psalmen, S. 113
17 Bentzen, Messias, S. 20
18 בקר kann hier so wenig wie in 2 Kö 16 und Lev 19,20 unkultisch als "seine Freude haben an", "sich kümmern", "sich Gedanken machen" (Kö, S. 144) verstanden werden. Nach 2 Kö 16,15 soll der eherne Altar im Unterschied zu dem "großen Altar", auf dem die eigentlichen Opfer stattfinden, לבקר dienen. In Lev 19,20 ist die in einem bestimmten Rechtsfall geforderte Vornahme einer בקרת eng mit dem Sündopfer verbunden. So Mowinckel, PsSt I, S. 146; vgl. Kraus, Psalmen, S. 224; de Vaux, Lebensordnungen II, S. 254; v. Rad, Gerechtig-

Eines habe ich von Jahwe erbeten,
das suche ich: ' '[19]

um Jahwes Freundlichkeit zu schauen (חזה *)*
und auszuspähen (בקר *) in seinem Tempel*
(Ps 27,4)

Die Auffassung von Kraus[20], daß der Begriff בקר hier nicht mehr im ursprünglichen Sinn der Opferschau, sondern nur noch übertragen gebraucht sei, erklärt sich aus seinem Vorverständnis in der Bestimmung der Person des Beters. Auch wenn mit großer Wahrscheinlichkeit die zweite Zeile von v.4 als von Ps 23,6 eingedrungen zu interpretieren[21] ist, erlaubt das sich in v.4 sowie in dem ganzen Psalm aussprechende Selbstverständnis nur, in dem Beter eine im Tempelkult institutionell handelnde Person zu sehen, die mit dem "Schauen" und der Übermittlung des Gotteswillens (בקר) betraut war und die direkten Zugang zum Ort der Offenbarung Jahwes, dem "Felsen" in seinem "Zelt", in seiner "Hütte"[22] hatte. Da in 2 Kö 16,15 der Terminus בקר für eine vom König vorzunehmende Tätigkeit im Tempel gebraucht wird, spräche einiges für Bentzens Annahme eines königlichen Beters. Die Selbstaussage in v.6, daß der Beter Jahwe singen und spielen will, das besonders enge Verhältnis zum Tempel, das zusätzlich durch die sachlich richtige Glosse in v.4aß bestätigt wird, läßt uns doch eher an ein Mitglied des Tempelpersonals denken, das institutionell mit der Vermittlung der in dem Horizont der Offenbarung Jahwes gegen die Völker vom Zion aus verstandenen aktuellen Offenbarung Jahwes als מעוז , ישע und אור für seine Gemeinschaft verbunden war. Diese Existenzstruktur spricht sich aus in der Bezeichnung Jahwes als מעוז חיי, ישעי und אורי , wobei letzteres im Blick auf die "Schaufunktion" des Beters im Bereich der Offenbarung Jahwes mit Bedacht gewählt ist.

Eine zeitliche Ansetzung des Psalms ist schwerlich möglich. Im Blick auf den allgemein späten Gebrauch von מעוז und אור (vgl. Js 10,17; 60,1;

---

keit und Leben, S. 239 Anm. 21. Mowinckel vermutet, daß בקר terminus technicus für die Opferschau ist. Seine Vermutung wird dadurch bestätigt, daß mubaqqiru im Nabatäischen als Bezeichnung einer kultischen Amtsperson, wahrscheinlich des Opferschauers, auftaucht (C. F. Jean, Dictionnaire des Inscriptions Semitiques de l'Ouest, 1954; CIS II, 2118.2593.2661.2667ff.)

19 v. 4aß ist wahrscheinlich aus Ps 23,6 eingetragen
20 Psalmen, S. 224
21 vgl. Anm. 19; vgl. die Komm.
22 Lies בסכו Q c Vrs; zur Sache s.o. unter II B 7

Mi 7,8f.) als Bezeichnung Jahwes[23] ist bei der Annahme einer vorexilischen Entstehung des Psalms jedoch Vorsicht geboten.

Unser bisher erhobenes Ergebnis, daß מעוז als Bezeichnung Jahwes im Horizont der auf dem Zion gefeierten und aktuell vermittelten Offenbarung Jahwes zu verstehen sei, wird auch durch die Texte nicht in Frage gestellt, die dem Volk oder einem Individuum vorwerfen, Jahwe in seiner durch מעוז qualifizierten oder zumindest mit-qualifizierten Funktion verworfen zu haben: in Js 17,9−11, dem drohenden Spruch eines spät vorexilischen Kultpropheten[24], wird den Judäern wegen des Abfalls von Jahwe als dem צור מעוז (v.10) zu anderen Schutzgottheiten[25] das Gericht angedroht, das Jahwe (im Interesse Israels) an fremden Völkern in der Heilszeit vollzogen hatte, d.h. das in der durch צור מעוז qualifizierten Funktion Jahwes implizierte Gericht gegen die Völker richtet sich gegen Jahwes eigenes Volk, wenn es ihn nicht in dieser Funktion erkennt und sich auf ihn einläßt.

In Ps 52, der in seinem Aufbau als Scheltrede (v.3−6) und Drohwort an einen Einzelnen (v.7)[26] und in einer Motive des Spottliedes enthaltenden Erläuterung der Folgen dieses Drohwortes, die den Kreis um den Beter einbezieht, die dramatische Auseinandersetzung eines Propheten[27] mit einer einflußreichen Person enthält, die für den Beter Verderben sinnt (v.4), wird betont, daß der Angriff des Gegners ausschließlich durch Mittel der Sprache vollzogen wird (4b von לשונך ab; 5b[28] und 6):

---

23 Ob in der polemischen Gegenüberstellung von Befragen des Mundes Jahwes und sich Bergen im (beim?) Schutz (מעוז) des Pharao von Jesaja in 30,2f. מעוז schon als Gottesbezeichnung vorausgesetzt wird, oder ob der polemische Gebrauch in Js 30,2f. seinerseits den Gebrauch von מעוז zur Bezeichnung der "durch seinen Mund" vermittelten Offenbarung Jahwes in seiner Schutzfunktion mit veranlaßt hat, ist schwerlich zu entscheiden, da מעוז als Gottesbezeichnung an keiner sicher als vorjesajanisch zu datierenden Stelle vorkommt. Indirekt bestätigt auf jeden Fall die Aussage von Js 30,2f. unser bisheriges Ergebnis, daß die durch מעוז charakterisierte Schutzfunktion Jahwes sich in seiner aktuellen, durch existentiell dazu bestimmte Personen vermittelten Offenbarung vollzieht.

24 s.o.S. 70f.

25 vgl. die Komm.

26 vgl. zur Situation z.B. Am 7,10−17; zum Formalen vgl. Js 22, 15ff.

27 Die in den neueren Komm. passim geäußerte Anschauung, daß hier nur prophetische Stilelemente nachgeahmt seien, wird den Formgesetzen der israelitischen Literatur nicht gerecht und ist von den gängigen Vorurteilen in der Bestimmung der Person des Psalmbeters verursacht.

28 Die vielfach mtr cs vorgenommene Streichung von דבר erscheint mir fraglich, ändert jedoch nicht grundsätzlich den Sinn.

Deine Zunge ist wie ein scharfes Schermesser,
der du betrügst
Du liebst Lüge vor gerechter Rede[28].
Du liebst alle Worte der Verwirrung,
trügerische Zunge!

Die Tatsache, daß der prophetische Sprecher des Psalms die Verfehlungen des Gegners als durch dessen Verbalfunktionen ausgeführt ansieht, sowie, daß die in v.7 angekündigte Strafe zunächst in der Vernichtung[29] und der Ausrottung des Gegners aus dem "Zelt" (ganz sicher dem Tempel, wie sich aus der Gegenüberstellung v.10: "Ich [aber] bin wie ein grüner Ölbaum im Haus Jahwes[30]" ergibt), läßt schließen, daß der Gegner des prophetischen Sprechers eine ähnliche Funktion hatte wie der prophetische Sprecher selbst. Die scharfe Auseinandersetzung ging dann um die Legitimation der jeweiligen Worte. Der durch den Empfang des gegen seinen Gegner gerichteten Wortes von Jahwe legitimierte Prophet, kann in seiner spottenden Erläuterung des Unheilswortes seinem Gegner nachsagen, daß er die Begründung seiner Worte nicht − wie es allein für einen Jahwepropheten möglich ist − in dem völligen Vertrauen auf die durch מעוז charakterisierte Offenbarungsfunktion Jahwes, sondern im Vertrauen und Pochen auf eigene Kraft und eigenes Vorhaben gesucht hat:

Siehe, der Mann, der nicht gesetzt hat
'Jahwe'[31] *zu seiner Zuflucht,*
der vertraute auf die Fülle seines Besitzes,
der seine Zuflucht nahm bei seinem 'Vermögen'[32]
(v.9).

Wie sehr die typischen Ausdrucksmittel der Auseinandersetzungen innerhalb der Jahwereligion, von denen Ps 52 ein eindrückliches Beispiel ist, in der religiösen Entwicklung geradezu geprägt und genormt tradiert und in jeweils neuen Situationen aktualisiert wurden, zeigt die Aussage, daß Jahwe מעוז für die Gruppe der צדיקים sei (Ps 37,39) innerhalb der weisheitlich-theoretischen Darstellung eines Gegensatzes, wie er z.B. in Ps 52 − freilich auf anderer Stufe − aktuell und konkret durchgefochten wird:

29 nach Kö S. 343 von   „niederschlagen"
30 Im Rahmen des elohistischen Psalters wurde wohl ein ursprüngliches יהוה durch אלהים verdrängt
31 Lies יהוה für אלהים ; vgl. Anm. 30
32 Lies mit Targum und Peschitta בהוו

‹ ›[33] *Das Heil der Gerechten kommt von Jahwe,*
Er ist ihre Zuflucht in Zeiten der Not
(Ps 37,39).

Als Ergebnis der Untersuchung des Gebrauchs der Bezeichnung Gottes als מעוז , die nur in Psalmen und prophetischer Literatur vorkommt, können wir formulieren:

Der Horizont für die Bezeichnung Jahwes als מעוז ist die machtvolle Theophanie Jahwes in ihrem doppelten Aspekt, dem Heil für die, "die auf ihn hoffen" (Na 1,7)[2] und der Vernichtung derer, "die wider ihn aufstehen" (Na 1,8b)[3]. Die Beter, die Jahwe als מעוזי bezeichnen oder bitten, Jahwe möge sich ihnen als מעוז erweisen, sind Personen, deren Existenz mit der Vermittlung des מעוז -seins Jahwes für die Gemeinschaft (Jo 4,16) in seiner aktuellen Offenbarung auf dem Zion steht und fällt.

Die Bezeichnung Gottes als מעוז ist in der für צור erhobenen und auch für סלע und מצודה verifizierbaren Phase a nicht nachzuweisen. Sie scheint ein spezifisches Theologumenon der Phase b zu sein (Jo 4,13–17; Js 25,1–5; Jr 16,19–21; Ps 27,1–6 (?); Ps 42/43 (?); Ps 52). Denn auch in dem einzigen Fall, in dem Jahwe als מעוז eines "königlichen Individuums" bezeichnet wird (Ps 28), spricht nicht der König, sondern der Prophet.

In diesen geprägten Ausdruck des Selbstverständnisses des prophetischen Mittlers treten in späterer Zeit jeweils die Personen ein, die mit der aktuellen Vermittlung des Heilswillens betraut sind: der levitische Tempelsänger und Prediger (Ps 31) sowie der jahwe-treue Weisheitslehrer (Ps 37).

33 Streiche das ו mit pc MSS Hier Peschitta

G. Erhellung des Horizontes der Bezeichnung Gottes als מעון

מעון kommt nur dreimal als Gottesbezeichnung vor:

> Werde mir ein Fels der 'Zuflucht'[1],
> 'ein Burghaus'[2], mir zu helfen.
> Du bist mir ja Fels und Burg
> (Ps 71,3).

> Denn du (sprichst): Jahwe ist meine Zuflucht,
> Eljon hast du zu deinem Versteck gesetzt
> (Ps 91,9).

> Ein Schutzversteck ist der Gott der Urzeit,
> und drunten sind uralte Arme.
> Er vertrieb den Feind vor dir
> und sprach: Vertilge!
> (Dt 33,27).

In Ps 71,3 ist nach Ps 31,3 לצור מעון zu lesen[3]. In Ps 91,9 wird im Anschluß an LXX und E' die Konjektur מעונך vorgeschlagen. Da aber in dem vielleicht alten[4], sicher der Königszeit entstammenden Psalm, der heute den Mosesegen einrahmt (Dt 33,2−5.26−29)[5] מענה in einem durch eine klassische Theophanie Jahwes geprägten Zusammenhang als Bezeichnung Jahwes gebraucht wird, und da מעון von der Wortbedeutung her in Ps 91,9 eine gute Parallele zu der Bezeichnung Jahwes als מחסה (v.9a)[6] ergibt, erscheint mir eine Änderung in Ps 91,9 nicht geboten. Man muß vielmehr eine − gegenüber מעוז vermutlich ältere − Bezeichnung Jahwes als מעון annehmen, die in den Horizont seiner Offenbarung auf dem Zion gestellt war und die in einem guten Korrespondenzverhältnis zu dem Zion als מעון Jahwes (Sa 2,17; Ps 68,6) gesehen werden kann.

Die Korrektur in Ps 90,1 (pc MSS) ist vielleicht ebenfalls durch den häufigeren und jüngeren Gebrauch von מעון veranlaßt:

---

1 So die wahrscheinlichere Lesart nach Ps 31,3 c pl MSS LXX Samareitikon Targum
2   zur Begründung dieser Übersetzung s.o. S. 77, Anm. 203
3   zur Struktur von Ps 71 s.o.S. 79f.
4   vgl. Eissfeldt, Einl., S. 303
5   Eissfeldt, Einl., S. 303 hält aufgrund des Vergleiches mit Ri 5 hohes Alter für möglich.
6   Es ist nicht unbedingt notwendig, in מחסך zu ändern.

Herr, ein Schutzversteck
bist du uns gewesen
für und für!

(Ps 90,1)

Sie sollte zusammen mit der nachexilischen Datierung des Psalms[7] verworfen werden.

---

7   Fohrer, Einl., S. 315

III. ZUSAMMENFASSUNG

Die Anrede (Epiklese), die Bezeichnung und die Aussage der Selbstaktualisierung Jahwes als מעון מעוז, מחסה, משגב,מצודה,מצודה, סלע , צור im Munde eines Individuums erscheinen im Horizont der Offenbarung Jahwes an der unter David übernommenen, in den salomonischen Tempel integrierten, ehemals kanaanäischen Kultstätte Jerusalems, dem Heiligen Felsen (vgl. II. A. 7).

Das Individuum, das Jahwe als seinen Fels, seine Burg und seine Zuflucht anredet und bezeichnet, darum bittet, Jahwe möge sich ihm als Fels, Burg und Zuflucht erweisen, oder bekennt, daß Jahwe ihm zum Fels, zur Burg und zur Zuflucht geworden sei, ist jeweils die Person, die am Zionsheiligtum institutionell mit der Vermittlung der aktuellen Offenbarung Jahwes als Fels, Burg und Zuflucht für sein Volk betraut war: der Tradition des Jerusalemer Heiligtums entsprechend der König in seiner kultischen Funktion (Melchiṣedeḳ) (Ps 18; 144,1—11), der Kultprophet (Ps 27,1—6; 28; 42/43? ; 59; 61; 62; 73; 91; 142; Jr 16,19—21 — unecht[1]; Jr 17,14—18) sowie (in der nachexilischen Zeit) der levitische Tempelsänger, der levitische Prediger, der gesetzestreue Weisheitslehrer (Ps 9/10? ; 19,8—15; 31; 71; 92; 94), wobei offenbleibt, ob und wie zwischen den zuletzt genannten Traditionen differenziert werden kann[2]. Die Funktion des Königs als des kultischen Mittlers des sich in der Aktualisierung des Fels-, Burg- und Zuflucht-seins Jahwes erschließenden Heils für die Gemeinschaft ist zweifellos geprägt durch die altorientalische Konzeption der Sacral Kingship[3]. Die Anrede und Bezeichnung Jahwes als Fels, Burg und Zuflucht im persönlichen Gebet des Königs als des kultischen Vermittlers des Fels-, Burg- und Zuflucht-seins Jahwes für das Volk stellt die ältere Stufe der Entwicklung dar. Die in dieser Arbeit untersuchten Psalmen lassen jedoch einen "Demokratisierungsprozeß" in der Form erkennen, daß die genormte Sprache und die geprägten Vorstellungen des Gebetes des Königs als des offiziellen Mittlers des Heils für sein Volk von den tatsächlichen Vermittlern der Offenbarung Jahwes in der Geschichte Jerusalems als Jahweheiligtum für ihr persönliches Gebet übernommen wurden. Dieser Prozeß wurde offenbar durch die Haltung von Propheten wie Jesaja beschleunigt, die — gestützt auf den Anspruch der alten charismatischen Tra-

---

1 s.o.S. 115 Anm. 7
2 Wie sehr mit Traditionsmischung gerechnet werden muß, zeigt z.B. das programmatische Lehrgedicht levitischer Kreise am zweiten Tempel (Ps 78).
3 s.o.S. 25 Anm. 136

ditionen des Gottesvolkes – dem König ihrer Zeit kritisch und mit konkurrierendem Anspruch entgegentraten. Im Zuge der in der nachexilischen Zeit sich vollziehenden religiösen und kultischen Transformation traten die Kreise in die Sprache und die Vorstellungen
des königlichen und prophetischen Mittlers ein, die am zweiten Tempel
mit der aktuellen Vermittlung der Offenbarung Jahwes als Fels, Burg und
Zuflucht betraut waren. Das Fels-, Burg- und Zuflucht-sein Jahwes für den
Beter vollzieht sich darin, daß der Beter eine Offenbarung, die Jahwe in
seiner Schutzfunktion für sein Volk erschließt, vermitteln kann. Die Not,
die Verlassenheit und die Anfeindung, die in den untersuchten Klageliedern durchbrechen, haben ihren Grund darin, daß der Beter keine aktuelle
Offenbarung hat, die Jahwe als Fels, Burg und Zuflucht, d.h. in seiner
Heilsfunktion auslegt, ja im Gegenteil – in extremen Situationen – das
Gericht Jahwes der eigenen Volksgemeinde ansagen muß. Die Situation des
Beters, dessen Selbstverständnis sich in hervorragender Weise in der Anrede
und Bezeichnung Jahwes als Fels, Burg und Zuflucht ausspricht, ist nicht
durch persönliche Krankheit oder private materielle Bedrängnis bestimmt,
sondern durch eine "Funktionskrise", die darin ihren Grund hat, daß der
Mittler im Gehorsam gegen und im Vertrauen allein auf Jahwe nicht den
Erwartungen entspricht, die die Mehrheit an seine Funktion knüpft. Diese
Problematik hat v. Rad[4] klar erkannt, wenn er zu den Konfessionen des
Jeremia, dem extremsten Ausdruck der Gebete des prophetischen Mittlers,
bemerkt, daß sie "der spezifisch prophetischen Situation Jeremias" entstammen und "eine Berufung zu einem ganz besonderen Dienst . . ., ein
Verhältnis besonderer Intimität zu Jahwe" voraussetzen. Es ist deshalb
berechtigt, zur Illustration der Lage des Beters in den untersuchten
Psalmen Auseinandersetzungen zu beachten, wie sie z.B. in 1 Kö 18[5];
22[6]; Am 7,10–17[7] oder Jr 28 geschildert werden. Bei der Übernahme der
genormten Sprache und der geprägten Vorstellungen der Gebete des
Königs als des kultischen Mittlers der Offenbarung durch die prophetischen Mittler wurde der Horizont der Aktualisierung des Einschreitens
Jahwes gegen die Völker in seiner Theophanie auf dem Zion insofern
verschoben, als mit dem Kampf Jahwes gegen sein eigenes Volk gerechnet
wird: Jahwe erweist sich nicht als Fels der Hilfe für sein Volk, sondern –

4 Theol. AT II, S. 216
5 vgl. Würthwein, ZThK 59 (1962), S. 131ff.
6 vgl. Würthwein, Rost-Festschrift, S. 245ff.
7 vgl. Würthwein, ZAW (1950), S. 10ff.

wie Jesaja es ausdrücken kann – als Fels des Strauchelns (Js 11,14). Dadurch wird eine Differenzierung innerhalb des Gottesvolkes herbeigeführt, die in den von uns untersuchten Psalmen deutlich erkennbar ist. So werden die Feinde des Beters, obwohl sie Glieder des Gottesvolkes sind, als die "Völker" bezeichnet und dadurch profanisiert. Denn sie rechnen nicht mit der durch den Beter vermittelten oder zu vermittelnden aktuellen Offenbarung Jahwes, sondern suchen andere Kriterien ihres Handelns (vgl. z .B. unsere Auslegung von Ps 9/10 und Ps 59; oben S. 101ff).

Demgegenüber sind die Beter der untersuchten Psalmen – ohne Rücksicht auf die übliche Gattungsbestimmung – ob König, Prophet, levitischer Tempelsänger, levitischer Prediger oder Weisheitslehrer in ihrer Existenz ganz auf die Vermittlung der aktuellen Offenbarung Jahwes in seinem Heiligtum auf dem Zion, dem Heiligen Felsen in Jerusalem, ausgerichtet.

Die Psalmen selbst sind in ihrer Struktur völlig durch diese Ausrichtung bestimmt. Da dieser Sachverhalt in der Bestimmung der Gattungen nach Gunkel nicht genügend berücksichtigt werden kann, erscheint es gerechtfertigt, für die in dieser Arbeit untersuchten Psalmen die integrierende Bezeichnung: G e b e t d e s M i t t l e r s vorzuschlagen[8].

---

8 Zu dem Begriff Klage des Mittlers vgl. Westermann, ZAW 66 (1954), S. 46f.

LITERATURVERZEICHNIS

Abramowski, R.: Das Buch des betenden Volkes: Psalmen I, Stuttgart 1938; Das Buch des betenden Gottesknechts: Psalmen II, Stuttgart 1939

Ackroyd, P. R.: Criteria for the Maccabean Dating of Old Testament Literature, VT 3, 1953, 113–132

Ahlström, G. W.: Psalm 89, Lund 1959

Albright, W. F.: Some Remarks on the Song of Moses in Deuteronomy XXXII, VT 9, 1959, 339–346

Arens, A.: Hat der Psalter seinen Sitz im Leben in der synagogalen Leseordnung des Pentateuch?, Le Psautier, Hg. R. de Langhe, Louvain 1962, 107–131

Arens, A.: Die Psalmen im Gottesdienst des Alten Bundes, Trier 1961

Artom, E. S.: Sul testo di Deuteronomio XXXII, 37–43, R St Or 32, 1957, 285–291

Arvedson, T.: De såkallade Tacksägelsepsalmerna från Qumran, SEÅ 22/23, 1957–1948, 208–218

Asami, S.: The Central Sanctuary in Israel in the Ninth Century B.C., Diss. Harv. Univ., Cambridge/Mass. 1964

Aistleitner, J.: Die mythologischen und kultischen Texte aus Ras Schamra, Bibl. Or. Hung. 8, Budapest 1959

Baethgen, F.: Die Psalmen, HK 2,2, Göttingen 1904[3]

Balla, E.: Das Ich der Psalmen, FRLANT 16, Göttingen 1912

Baltenweiler, H.: Fels, BHH I, Göttingen 1962, 469f.

Barnes, W. E.: The Psalms I–II, London 1931

Barth, C.: Die Errettung vom Tode in den individuellen Klage- und Dankliedern des Alten Testaments, Zürich 1947

Barucq, A.: L'expression de la louange divine et de la prière dans la Bible et en Egypte, Le Claire, Inst. Franc. d'Archéolog. Orientale, Bibliothèque d'étude 33, 1962[4]

Barucq, A.: La lode divina nei Salmi, BiOr I/3, 1959, 66–77

Baudissin, W. W. Graf: Adonis und Esmun, Leipzig 1911

ders.: Einleitung in die Bücher des Alten Testaments, Leipzig 1901

ders.: Kyrios als Gottesname im Judentum und seine Stelle in der Religionsgeschichte, T. 1–4 (Hg. O. Eissfeldt), Gießen 1929

Bauer, H.: Die Gottheiten von Ras Schamra, ZAW 51, 1933, 81–101; ZAW 53, 1935, 54–59 ders.: Rezension der Grabungsberichte 1930/31, OLZ 37, 1934, 245

Bauer, H. – Leander, P.: Historische Grammatik der hebräischen Sprache, Halle 1922

Baumann, E.: Das Lied Mose's Dt XXXII, 1–43 auf seine gedankliche Geschlossenheit untersucht, VT 6, 1956, 414–424

ders.: Struktur-Untersuchungen im Psalter, ZAW 61, 1949, 114–176; ZAW 62, 1950, 115–152

Baumgartner, W.: Ras Schamra und das Alte Testament, ThR NF 12, 1940, 163–188; ThR NF 13, 1941, 1–20; 85–102; 157–183

ders.: Ugaritische Probleme in ihrer Tragweite für das Alte Testament, ThZ NF 3, 1947, 81–100

Becker, J.: Israel deutet seine Psalmen, Stuttg. Bibelstd. 18, Stuttgart 1966

Beer, G.: Exodus, HAT I,3, Tübingen 1939

ders.: Steinverehrung bei den Israeliten, Schrft. d. Straßbg. Wiss. Ges. in Heidelberg NF 4, Berlin/Leipzig 1921

Begrich, J.: Zur hebräischen Metrik, ThR NF 4, 1932, 67–89

ders.: Das priesterliche Heilsorakel, ZAW 52, 1934, 81–92

ders.: Die Vertrauensäußerungen im israelitischen Klagelied des Einzelnen und in seinem babylonischen Gegenstück, ZAW 46, 1928, 221–260

Bentzen, A.: Fortolkning til de gammeltestamentlige salmer, Kopenhagen 1940

ders.: Introduction to the Old Testament, Kopenhagen 1957[3]

ders.: Jahves gœst, Kopenhagen 1926

Berghe, P. van den: ani et anaw dans les Psaumes, Le Psautier, Hg. R. de Langhe, Louvain 1962, 273–296

Bernhardt, K.-H.: Das Problem der altorientalischen Königsideologie im AT, VTS 8, 1961

Berry, G. R.: The Book of Psalms, Philadelphia 1934

Bertholet, A.: Das Buch der Psalmen, HSAT, Tübingen 1923, 113–276

Bertram, G.: Zur Prägung der biblischen Gottesvorstellung in der griechischen Übersetzung des Alten Testaments, WO 2,5, 1959, 502–513

Bewer, J. A.: The Literature of the Old Testament in its Historical Development, New York/London, 1962[3]

Beyerlin, W.: Gattung und Herkunft des Rahmens im Richterbuch, Tradition und Situation, Studien zur alttestamentlichen Prophetie, A. Weiser zum 70. Geburtstag dargebracht, Hg. E. Würthwein u. O. Kaiser, Göttingen 1963, 1–29

ders.: Geschichte und heilsgeschichtliche Traditionsbildung im Alten Testament, Richter VI–VIII, VT 13, 1963, 1–25

Birkeland, H.: ʿAni und ʿanaw in den Psalmen, SNVAO 2, 4, 1933

ders.: The chief problems of Ps 73,17ff., ZAW 67, 1955, 99–103

ders.: The Evildoers in the Book of Psalms, Oslo 1955

ders.: Die Feinde des Individuums in der israelitischen Psalmenliteratur, Oslo 1933

Boer, P. A. H. de: Ps CXXXI,2, VT 16, 1966, 287–292

ders.: Texte et traduction des paroles attribuées à David en 2 Samuel XXIII,1–7, VTS 4, 47–56

Boling, R. G.: "Synonymous" Parallelism in the Psalms, JSS 5/3, 1960, 221–255

Boman, Th.: Das hebräische Denken im Vergleich mit dem griechischen, Göttingen 1965[4]

Bonkamp, B.: Die Psalmen nach dem hebräischen Grundtext, Freiburg i.Brg. o.J.

Borger, R.: Babylonisch-assyrische Lesestücke, H 1–3, Rom 1963

Born, A. van den: Zum Tempelweihespruch 1 Kg 8,12f., OTS 14, 1965, 235–244

Briggs, C. A.: A critical and exegetical Commentary on the Book of Psalms I–II, ICC, Edinburgh 1951–52

Brand, J.: Remarks on the Temple of Salomon, Tarbiz 34,4, 1965, 323–332

Brockelmann, C.: Hebräische Syntax, Neukirchen 1956

Brooke – Mc Lean – Thackery – Manson: The Old Testament in Greek according to the Text of Codex Vaticanus, supplemented from other Uncial Manuscripts, with a critical Apparatus containing the Variants of the chief ancient Authorities for the Text of the LXX, Cambridge 1906ff.

Brunner, H.: Gerechtigkeit als Fundament des Thrones, VT 8, 1958, 426–428

Bruno, A.: Die Psalmen – Eine rhythmische und textkritische Untersuchung, Stockholm 1954

Bruns, G.: Umbaute Götterfelsen, JdI 75, 1960, 100–111

Buber, M.: Recht und Unrecht, Deutung einiger Psalmen, Sammlung Klosterberg, Europ. Reihe, Basel 1952, 39–61

Budde, K.: Das Buch der Richter, KHC 7, Freiburg/Leipzig/Tübingen 1897

ders.: Die Bücher Samuel, KHC 8, Tübingen 1902

ders.: Das Lied Mose's Deuteronomium 32, Tübingen 1920

ders.: Psalm 14 und 53, JBL 47, 1928, 160–183

ders.: Die schönsten Psalmen, Leipzig 1915

ders.: Der Segen Moses, 1922

ders.: Zum Text der Psalmen, ZAW 35, 1915, 175–195

Busink, T. A.: Les origines du Temple de Salomon, JEOL 17, 1964, 165–192

Buss, M. J.: The Psalms of Asaph and Korah, JBL 82, 1963, 382–392

Buttenwieser, M.: The Psalms, Bull. Canad. Soc. Bibl. Stud. 5, 1939, 3–15

ders.: The Psalms – Chronologically treated with a new translation, Chicago 1938

Calès, J.: Le livre des Psaumes, 2 Bde, Paris 1936

O'Callaghan, R. T.: Echoes of Canaanite Literature in the Psalms, VT 4, 1954, 164–176

Callan, Ch. J.: The Psalms, New York 1944

Caquot, A.: Le Psaume XCI, Sem VIII, 1958, 21–37

Cassuto, U.: La cantica di Mose', Deut. 32, Atti XIX Congr. Int. Or. 1938, 480–484

Castellino, D. G.: Libro dei Salmi, La Sacra Bibbia, Marietti 1955

Castellino, R. G.: Le lamentazioni individuali e gli inni in Babilonia e in Israele, Rom 1940

Cheyne, T. K.: The Book of Psalms or the Praises of Israel, London 1888

Clamer, A. (Hg): Les psaumes, La Sainte Bible Tome V, Paris 1950

Cohen, A.: The Psalms, Surrey 1945

Coppens, J.: Les psaumes 6 et 41 dépendent-ils du livre de Jérémie? , HUCA 32, 1961, 217–226

Cornill, K. H.: Zur Einleitung in das Alte Testament, 1912, 38–42

Crim, K. R.: The Royal Psalms, Richmond/Virginia 1962

Cross, F. M. – Freedman, D. N.: The Blessing of Moses, JBL 67, 1948, 191–210

dies: A Royal Song of Thanksgiving 2. Sa 22; Ps 18, JBL 72, 1953, 16–34

Dahood, M.: The Language and Date of Psalm 48, CBQ 16, 1954, 15–19

ders.: Vocative Lamedh in the Psalter, VT 16, 1966, 299–311

Dalglish, E. R.: Psalm Fifty-One in the Light of Ancient Near Eastern Patternism, Leiden 1962

Daube, D.: Gideon's Few, JJS 7, 1956, 155–161

Deiss, L.: Le Psaume 42–43: Quand pourrai-je entrer et voir la face de Dieu? , Assemblées du Seigneur 34, 1963, 7–25

Deissler, A.: Das lobpreisende Gottesvolk in den Psalmen, Sentire Ecclesiam, Festschr. Hugo Rahner, Freiburg 1961, 17–49

ders.: Psalm 119 und seine Theologie, MThS 11, 1955, XX/1–347

ders.: Die Psalmen Ps 1–41, Welt der Bibel, Düsseldorf 1963

Delcor, M.: Le Docteur de Justice nouveau Moise, dans les hymnes de Qumrân, Le Psautier, Hg. R. de Langhe, Louvain 1962, 407–423

Delekat, L.: Asylie und Schutzorakel am Zionheiligtum, Leiden 1967

ders.: Katoche, Hierodulie und Adoptionsfreilassung, MBPAR 47, 1964

ders.: Probleme der Psalmenüberschriften, ZAW 76, 1964, 280–297

Delitzsch, F.: Biblischer Commentar über die Psalmen, Leipzig 1894[5]

Delitzsch, F.: Die Lese- und Schreibfehler im Alten Testament, Leipzig 1920

Dequeker, L.: Les q^{e}dôsîm du Ps 89 à la lumière des croyances sémitiques, ETL 39, 1963, 469–484

Deschamps, P.: Pour un classement littéraire des Psaumes, Mélanges bibliques rédigés en l'honneur de André Robert, Paris 1957

Driver, G. R.: Hebrew Notes, VT 1, 1951, 241–250

ders.: Notes on the Psalms, JThS 36, 1935, 147–156; JThS 43, 1942, 149–160; JThS 44, 1943, 12–23

ders.: Problems in Job and Psalms Reconsidered, JThS 40, 1939, 391–394

ders.: Textual and Linguistic Problems of the Book of Psalms, HThR 29, 1936, 171–195

Driver, S. R.: An Introduction to the Literature of the Old Testament, Edinburg 1892[3] (deutsch: Berlin 1896)

ders.: Notes on the Hebrew Text and the Topography of the Books of Samuel, Oxford 1913[2]

Duhm, B.: Das Buch Jesaja, Göttingen 1968[5]

Duhm, B.: Die Psalmen, Tübingen 1922[2]

Dupont-Sommer, A.: Le libre des Hymnes découvert près de la mer Morte 1 QH, Semitica 7, 1957

Dürr, L.: Psalm 19, Festschr. f. E. Sellin, 1927, 37ff.

Eerdmans, B. D.: The Hebrew Book of Psalms, OTS 4, 1947

Ehrlich, A. B.: Die Psalmen, Berlin 1905

ders.: Randglossen zur hebräischen Bibel, 6, Leipzig 1913

Eichrodt, W.: Der Herr der Geschichte, Jes 13–23 und 28–39, Die Botschaft des Alten Testaments, Erlanger alttestamentl. Schriften, Bd. 17,2, Stuttgart 1967

ders.: Theologie des Alten Testaments, Teil 1–3, Göttingen 1964[5]

Eissfeldt, O.: Ba'alsamen und Jahwe, ZAW 57, 1939, 1–31

ders.: Einleitung in das Alte Testament, Tübingen 1964[3]

ders.: El und Jahweh, JSS 1, 1956, 25–37

ders.: Jahwes Verhältnis zu 'Eljon und Schaddaj nach Psalm 91, WO, 1957, 343–348

ders.: Jahwe Zebaoth, Miscellanea Academica Berolinensia, Berlin 1950, 2/2, 128–150 (auch: Kl. Schr. 3, 103–123)

ders.: Das Lied Moses, BAL, Berlin 1958

ders.: "Mein Gott" im Alten Testament, ZAW 61, 1945–1948, 3–16 (auch: Kl. Schr. 3, 35–47)

ders.: Silo und Jerusalem, VTS 6, 1957, 138–147 (auch: Kl. Schr. 3, 417–425)

Elliger, K.: Die Zwölf Kleinen Propheten II, ATD 25, Göttingen 1959[4]

Emerton, J. A.: Notes on Three Passages in Psalm Book III, JThS 14, 1963, 374–381

Engnell, I.: The 'Ebed Yahweh Songs and the Suffering Messiah in "Deutero-Isaiah", BJRL 31, 1948, 54–93

ders.: "Planted by the Streams of Water", Some remarks on the problem of the interpretation of the Psalms as illustrated by a detail in Ps 1, St Or, Joanni Pedersen, 1953, 85–96

ders.: Psaltaren, SBU 2, 787–832

ders.: Studies in Divine Kingship in the Ancient Near East, Oxford 1967[2]

Euler, K. F.: Königtum und Götterwelt in den altaramäischen Inschriften Nordsyriens, ZAW 56, 1938, 272–313

Ewald, H.: Die Dichter des Alten Bundes I,1; I,2, Göttingen 1866[3]

Falkenstein, A. – Soden, W. von: Sumerische und akkadische Hymnen und Gebete, Zürich/Stuttgart 1953

Feuillet, A.: Les Psaumes Eschatologiques du Règne de Jahweh, NRTh 89, 1951, 244–260; 352–363

Finkel, J.: Some Problems relating to Ps 95, AJSL 50, 1933/34, 32–40

Fischer, L. R.: The Temple Quarter, JSS 8/1, 1963, 34–41

Fohrer, G.: Das Buch Jesaja, Proph. I–III, Zürich/Stuttgart 1960–64

Fohrer, G. – Sellin, E.: Einleitung in das Alte Testament, Heidelberg 1965[10]

Freehof, S. B.: The Book of Psalms, A Commentary, Cincinnati 1938

Frost, S. B.: Asseveration by thanksgiving, VT 8, 1958, 380–390

Galling, K.: Das Allerheiligste in Salomo's Tempel, JPOS 12, 1932, 43–46

ders.: Biblisches Reallexikon, HAT I,1, Tübingen 1937

ders.: Die Erwählungstraditionen Israels, BZAW 48, Gießen 1928

Gelston, A.: A Note on יהיה מלך, VT 16, 1966, 507–512

Gemser, B.: Gesinnungsethik im Psalter, OTS 13, Leiden 1963, 1–20

Gerstenberger, E.: Jeremiah's Complaints, JBL 82, 1963, 393–408

Gesenius, W. – Buhl, F.: Hebräisches und Aramäisches Handwörterbuch über das Alte Testament, Leipzig 1921[17]

Gesenius, W. – Kautzsch, E.: Hebräische Grammatik, Leipzig 1909[28]

Ginsberg, H. L.: The Conclusion of Ha' azinu Deut. 32; 34–43, Tarbiz 24, 1954/55, 1–3

ders.: Some Emendations in Psalms, HUCA 23/I, 1950/51, 97–104

Glombitza, O.: Betende Bewältigung der Gottesleugnung, NedThT 14, 1960, 329–349

Glueck, N.: Das Wort חסד im alttestamentlichen Sprachgebrauch, BZAW 47, Berlin 1961²

Gordis, R.: Ps 9–10 – A Textual and Exegetical Study, JQr 18/2, 1957/58, 104–122

Gordon, C. H.: Ugaritic Manual, AnOr 35, Rom 1955

Greatz, H.: Kritischer Commentar zu den Psalmen, 2 Bde, Breslau 1882/83

Greßmann, H.: Die älteste Geschichtsschreibung und Prophetie Israels, SAT 2/1, Göttingen 1921²

ders. (Hg.): AOT, Berlin/Leipzig 1926²

Grether, O.: Hebräische Grammatik für den akademischen Unterricht, München 1955²

ders.: Name und Wort Gottes im Alten Testament, BZAW 64, 1934, 35–37

Grill, S.: Textkritische Notizen, BZ NF 3/1, 1959, 102

Groot, J. de: De Psalmen, Baarn 1942

Gross, H.: Läßt sich in den Psalmen ein "Thronbesteigungsfest Gottes" nachweisen?, TTZ 65/1, 1956, 24–40

Gunkel, H.: Ägyptische Danklieder, Reden und Aufsätze, Göttingen 1913, 141–149

ders.: Die alttestamentliche Literaturgeschichte und die Ansetzung der Psalmen, ThBl 7, 1928, 85–97

ders.: Ausgewählte Psalmen, Göttingen 1917⁴

ders. – Begrich, J.: Einleitung in die Psalmen, Göttingen 1933

ders.: Genesis, HK I,1, Göttingen 1964⁶

ders.: Mosessegen, Moseslied und Meerlied, 2. Das Lied des Moses, RGG² IV, 534–535

ders.: Die Psalmen, HK II,2, Göttingen 1926⁴

ders.: Die Psalmen, Reden und Aufsätze, Göttingen 1913, 92–125

ders.: Simson, Reden und Aufsätze, Göttingen 1913, 38–64

ders.: Die Urgeschichte und die Patriarchen, Das erste Buch Mosis, SAT I,1, Göttingen 1911

Gunneweg, A. H. J.: Leviten und Priester, FRLANT 89, Göttingen 1965

ders.: Über den Sitz im Leben der sogenannten Stammessprüche, ZAW 76, 1964, 245–255

Habel, N. C.: Jahwe versus Baal, A Conflict of Religions Cultures, New York 1964

Haran, M.: The Uses of Incense in Ancient Israelite Ritual, VT 10, 1960, 113–129

Hauri, R.: Das Moselied Deuteronomium 32, Diss. theol., Zürich 1917

Henschke, E.: Konjekturen zu Deuteronomium 32, ZAW 52, 1934, 279–282

Herkenne, H.: Das Buch der Psalmen, HSAT 5/2, Bonn 1936

Hertzberg, H. W.: Die Bücher Josua, Richter, Ruth, ATD 9, Göttingen 1965[3]

ders.: Die Samuelbücher, ATD 10, Göttingen 1965[3]

Hitzig, F.: Die Psalmen, 2 Bde, Leipzig/Heidelberg 1863/65

Holm-Nielsen, S.: Hodayot, Psalms from Qumran, Acta theol. Danica 2, Aarhus 1960

ders.: "Ich" in den Hodajoth und die Qumrangemeinde, Qumran-Probleme, Hg. H. Bardtke, Berlin 1963, 217–229

ders.: The Importance of Late Jewish Psalmody for the Understanding of OT Psalmodic Tradition, ST 14, 1960, 1–53

Honeyman, A. M.: 'I, DU and Ps 62,12, VT 11, 1961, 348–350

Hooke, S. H. (ed.): The Labyrinth, London 1935

ders. (ed.): Myth, Ritual and Kingship, Oxford 1958

Horst, F.: Die Doxologien im Amosbuch, ZAW 47, 1929, 45–54

ders.: Die Kennzeichen der hebräischen Poesie, ThR NF 21, 1953, 97–121

ders.: Segen und Segenshandlungen in der Bibel, EvTh 1947, 23–37

ders.: Die Zwölf Kleinen Propheten, Nahum bis Maleachi, HAT I,14, Tübingen 1954[2]

Hulst, A. R.: Old Testament Translation Problems, Leiden 1960, 92–114

Hupfeld, H.: Die Psalmen, 2 Bde, Gotha 1888[3]

Hyatt, J. Ph.: The View of Man in the Qumran "Hodayot", NTS 2, 1955/56, 256–284

Irwin, W. A.: Critical Notes on 5 Psalms, AJSL 49, 1932/33, 9–20

James, F.: Thirty Psalmists, New York 1938

Jansen, H. L.: Die spätjüdische Psalmendichtung – ihr Entstehungskreis und ihr "Sitz im Leben", SNVAO II, 1937

Jean, C.F.: Dictionnaire des Incriptions Sémitiques de l'Quest, 1954

Jefferson, H. G.: Canaanite Literature and the Psalms, Personalist 39, 1958, 340–356

Jeremias, A.: Das Alte Testament im Lichte des Alten Orients, Leipzig 1930[4]

Jirku, A.: Altorientalischer Kommentar zum Alten Testament, Leipzig/Erlangen 1923

ders.: Der Juda-Spruch Genesis 49, 18ff. und die Texte von Ras Šamra, JPOS 15, 1935, 12–13 ders.: Kanaanäische Psalmenfragmente in der vorisraelitischen Zeit Palästinas und Syriens, JBL 52, 1933, 108−120

Johnson, A. R.: The cultic prophet in ancient Israel, Cardiff 1962[2]

ders.: Divine Kingship and the Old Testament, The Expository Times 62, 1950, 36−42

ders.: Hesed und Hasîd, Interpretationes ad Vetus Testamentum pertinentes Sigmundo Mowinckel septuagenario missae, Oslo 1955, 100−112

ders.: The one and the many in the israelite conception of God, Cardiff 1961[2]

ders.: The Psalms, OTMSt 1951, 162−209

ders.: Sacral Kingship in Ancient Israel, Cardiff 1967[2]

Junker, H.: Die Entstehungszeit des Psalm 78 und des Deuteronomiums, Bibl 34, 1953, 487−500

ders.: Unité, composition et genre littéraire des Psaumes IX et X, RB 60, 1953, 161−169

Kaiser, O.: Einleitung in das Alte Testament, Gütersloh 1969

ders.: Erwägungen zu Psalm 101, ZAW 74, 1962, 195−205

ders.: Die mythische Bedeutung des Meeres in Ugarit und Israel, BZAW 78, 1962[2]

ders.: Der Prophet Jesaja 1−12, ATD 17, Göttingen 1963[2]

ders.: Traditionsgeschichtliche Untersuchung von Gen 15, ZAW 70, 1958, 107−126

ders.: Wort des Propheten und Wort Gottes, Tradition und Situation, Studien zur alttestamentl. Prophetie, A. Weiser zum 70. Geburtstag dargebracht, Hg. E. Würthwein und O. Kaiser, Göttingen 1963, 75−92

Kapelrud, A. S.: Nochmals Jahwä mālāk, VT 13, 1963, 229−231

ders.: Die skandinavische Einleitungswissenschaft zu den Psalmen, VF 11, 1966, 62−93

Kaufmann, Y.: The Gideon Stories, Tarbiz 30, 1960/61, IV−V, 139−147

Keller, C. A.: Über einige alttestamentliche Heiligtumslegenden, ZAW 67, 1955, 141−168

Keßler, H.: Die Psalmen, Kurzgef. Kommentar zu den hl. Schriften des AT und NT, A, 6/1, München 1899[2]

Kissane, E. J.: The Book of Psalms, 2 Bde, Dublin 1953/54

Kittel, H. J.: Die Stammessprüche Israels − Gen 49 und Dt 33 traditionsgeschichtlich untersucht, Diss. Kirchl. Hochschule, Berlin, Berlin 1959

Kittel, R.: Die Psalmen, Leipzig 1922[4]

Klawek, A.: Sehnsucht nach Jerusalem Ps 42/43 − Vulg 41/42, RBL 8, 1955, 173−184

Knabenhauer, J.: Commentarius in Psalmos, Paris 1930[2]

Koch, K.: "denn seine Güte währet ewiglich", EvTh 21, 1961, 531–544

ders.: Gibt es ein Vergeltungsdogma im Alten Testament, ZThK 52, 1955, 1–42

ders.: Sdq im Alten Testament, Diss. Heidelberg 1953

Koehler, L.: Der hebräische Mensch, Tübingen 1953

ders. – Baumgartner, W.: Lexicon in Veteris Testamenti Libros, Leiden 1953

Komlós, O.: The Meaning of ḥlKh-ḥlk'ym, JSS 2, 1957, 243–246

König, E.: Die Psalmen, Gütersloh 1927

ders.: Stilistik, Rhetorik, Poetik in Bezug auf die biblische Literatur, Leipzig 1900

Kraus, H. J.: Archäologische und topographische Probleme Jerusalems, ZDPV 75, 1959, 125–140

ders.: Freude an Gottes Gesetz, EvTh 8, 1951, 337–351

ders.: Gottesdienst in Israel, München 1954

ders.: Klagelieder (Threni), BK zum Alten Testament 20, Neukirchen 1960[2]

ders.: Prophetie in der Krisis, B St 43, Neukirchen 1964

ders.: Psalmen 1.2, BK zum Alten Textament 15,1/2, Neukirchen 1960

Krinetzki, L.: Der anthologische Stil des 46. Psalms und seine Bedeutung für die Datierungsfrage, MThZ 12/1, 1961, 52–71

ders.: Zur Poetik und Exegese von Ps 48, BZ 4/1, 1960, 70–97

Kruse, H.: Two hidden Comparatives, Observations on Hebrew Style, JSS 5/4, 1960, 333–347

Kuenen, A.: Historisch-kritische Einleitung in die Bücher des Alten Testaments, I–III, Leipzig 1885–1894

Kuhn, G.: Bemerkungen zu Ps 73, ZAW 55, 1937, 307–308

Kuhn, K. G.: Konkordanz zu den Qumrantexten, Göttingen 1960

Kuschke, A.: Arm und reich im Alten Testament mit besonderer Berücksichtigung der nachexilischen Zeit, ZAW NF 16, 1939, 31–57

Kutsch, E.: Gideons Berufung und Altarbau Jdc 6,11–24, ThLZ 1956, 75–84

ders.: "Gottesurteil in Israel", RGG[3] II, 1958, 1808f.

ders.: Das Herbstfest in Israel, Diss. Mainz 1955

Kuyper, L. J.: How Long, o Lord, How Long (Psalms of Lament), Reformed Review 17, 1964, 3–12

Lauha, A.: Die Geschichtsmotive in den alttestamentlichen Psalmen, Helsinki 1945

Lehming, S.: Massa und Meriba, ZAW 73, 1961, 71–77

Leslie, E. A.: The Psalms, New York/Nashville 1949

Liagre Böhl, F. M. Th. de: Hymnisches und Rhythmisches in den Amarnabriefen aus Kanaan, ThLBl 1914, 137—140 (auch: OPERA MINORA, 1953, 375—379)

ders.: De Psalmen, Commentaar op de Heil. Schrift, 1952, 397—466

Licht, J.: Megillat ha Hodayot, 1957

Lindblom, J.: Bemerkungen zu den Psalmen I, ZAW 59, 1942/43, 1—13

ders.: Die Jesajaapokalypse Jes 24—27, LUÅ NF, Adv. 1, Bd. 34, Nr. 3, Lund-Leipzig 1938

ders.: The Political Background of the Shiloh Oracle, VTS I, 1953, 78—87

Lipinski, E.: Les Psaumes de la royauté de Yahvé dans l'exégèse moderne, Le Psautier, Hg. R. de Langhe, Louvain 1962, 133—272

ders.: Yahweh mâlāk, Bibl 44, 1963, 405—460

ders.: La royauté de Yahwé dans la poésie, spec. Ps 93; 97; 99 et la culte de l'ancien Israel, Verhand. Kon. Vlaamse Ac. Wet., Letteren 27,55, Brüssel 1965

ders.: Macarismes et psaumes de congratulation, RB 75 , 1968, 321—367

Lohfink, N.: Herausgeführt in die Freiheit, Ps 65, Geist und Leben 38, 1965, 81—84

Lohmann, P.: Die selbständigen lyrischen Abschnitte in Jes. 24—27, ZAW 37, 1917/18, 1—58

Löhr, M.: Das Asylwesen im Alten Testament, Halle 1930

ders.: Psalm 7; 9; 10, ZAW 36, 1916, 225—237

Lohse, E.: Die Texte aus Qumran, Darmstadt 1964

Ludwig, O.: Die Stadt in der Jesaja-Apokalypse. Zur Datierung von Jes 24—27, Diss. Köln 1961

Luyten, J.: Schuld en onschuld in de Psalmen, Diss. Leuven 1962

ders.: Het Zelfbeklag in de Psalmen, EThL 39, 1963, 501—538

Malamat, A.: The war of Gideon and Midian, A Military Approach, PEQ 85, 1953, 61—65

Mand, F.: Die Eigenständigkeit der Danklieder des Psalters als Bekenntnislieder, ZAW 70, 1958, 185—199

Mandelkern, S.: Veteris Testamenti condordantiae Hebraicae atque Chaldaicae, Jerusalem/Tel-Aviv 1964[6]

Mann, T.: Joseph und seine Brüder I, Frankfurt/Hamburg 1967

Mellamed, E. Z.: Break-Up the Stereotype Phrases as an Artistic Device in Biblical Poetry, Scripta Hierosolymitana 8, 1961, 115—153

Mercati, J. (ed.): Psalteri Hexapli reliquiae, Bibl. Vaticana, Codices ex ecclesiasticis italiae bybliothecis. Vol. 8, Vatikan 1958

Merril, A. L.: Ps 23 and the Jerusalem Tradition, VT 15, 1965, 354—360

Meyer, R.: Die Bedeutung von Deuteronomium 32,8f. 43 (4Q) für die Auslegung des Mosesliedes, Rudolph-Festschrift, 1961, 197–209

Michel, D.: Studien zu den sogenannten Thronbesteigungspsalmen, VT 6, 1956, 40–68

ders.: Tempora und Satzstellung in den Psalmen, Bonn 1960

Möhlenbrink, K.: Der Tempel Salomos. Eine Untersuchung seiner Stellung in der Sakralarchitektur des Alten Orients, BWA(N)T IV 7, 1932

Moling, G.: Die Hymnen von Chirbet Qumran (1 QT), Festschrift für Viktor Christian, 1956, 74–82

Morgenstern, J.: The Book of the Covenant, HUCA 5, 1928, 1–151

ders.: The Cultic Setting of the Enthronement Psalms, HUCA 35, 1964, 1–42

ders.: Psalm 8 and 19 A, HUCA 19, 1945/46, 491–523

Mosan, W.: Some Remarks on the Song of Moses, Bibl 43/3, 1962, 317–327

Mowinckel, S.: He that Cometh, Oxford 1956

ders.: Die letzten Worte Davids 2. Sam 23,1–7, ZAW 45, 1927, 30–58

ders.: Offersang of sangoffer, Oslo 1951

ders.: Psalm Criticism between 1900 and 1935, NTT 61, 1960, 95–159

ders.: Psalmenstudien I–VI, Kristiania 1921–24

ders.: The Psalms in Israel's Worship, Oxford 1963

ders.: Religion und Kultus, Göttingen 1953

ders.: Traditionalism and Personality in the Psalms, HUCA 23/1, 1950/51, 205–231

ders.: Zum israelitischen Neujahr und zur Deutung der Thronbesteigungspsalmen, ANVAO II; Hist.-Filos. Klasse No. 2, 1952, 5–68

ders.: Zum Problem der hebräischen Metrik, Bertholet-Festschrift, Tübingen 1950, 379–394

ders.: Zur Sprache der biblischen Psalmen, ThLZ 81, 1956, 199–202

Müller, H. P.: Der Aufbau des Deboraliedes, VT 16, 1966, 446–459

Munch, P. A.: Die alphabetische Akrostichie in der jüdischen Psalmendichtung, ZDMG NF 15, 1936, 703–710

ders.: Das Problem des Reichtums in den Psalmen 37–49.73, ZAW 55, 1937, 36–46

Nicolsky, N. M.: Das Asylrecht in Israel, ZAW 48, 1930, 146–175

Nötscher, F.: "Das Angesicht Gottes schauen", Würzburg 1924

ders.: Biblische Altertumskunde, HSchAT, Erg.Bd. 3, Bonn 1940

ders.: Die Psalmen, Die Echter-Bibel, Würzburg 1947

Noth, M.: Geschichte Israels, Göttingen 1966[6]

ders.: Gott, König, Volk im Alten Testament, ZThK 47, 1950, 157–191
ders.: Die israelitischen Personennamen im Rahmen der gemeinsemitischen Namengebung, BWA(N)T 3, F.10, Stuttgart 1928
ders.: Jerusalem und die israelitische Tradition, OTS VIII, 1950, 28–46
ders.: Könige, BK IX,2, Neukirchen 1965
ders.: Mari und Israel, Geschichte und Altes Testament, Festschrift für A. Alt, Tübingen 1953, 127–152
ders.: Überlieferungsgeschichte des Pentateuch, Stuttgart 1948
ders.: Überlieferungsgeschichtliche Studien, SGK 18,2, Halle 1943
ders.: Das vierte Buch Mose, Numeri, ATD 7, Göttingen 1966
ders.: Die Welt des Alten Testaments, Berlin 1962[4]
ders.: Das zweite Buch Mose, Exodus, ATD 5, Göttingen 1959
Nowack, W.: Die Kleinen Propheten, HK 3/4, Göttingen 1897
Oesterley, W. O. E.: A Fresh Approach to the Psalms, London 1937
ders.: The Psalms, 2 Bde, London 1939
Olshausen, J.: Die Psalmen, Kett 14, Leipzig 1853
Pedersen, J.: Israel, its Life and Culture, London/Kopenhagen 1959
Perles, F.: Analekten zur Textkritik des Alten Testaments, München 1895
Peters, N.: Das Buch der Psalmen, Paderborn 1930
ders.: Senkrechte Doppelschreibung als Fehlerquelle in den Psalmen, BZ 22, 1934, 1–12
Petuchowski, J. J.: "Hoshi'ah na" in Psalm CXVIII,25, VT 5, 1955, 266–271
Pigoulewsky, N.: Fragments syro-palestiniens des psaumes, RB 43, 1934, 519–527
Ploeg, J. van der: Les pauvres d'Israel et leur piété, OTS 7, 1950, 236–270
Podechard, E.: Le Psautier I, Psaumes 1–75, Lyon 1949
Press, R.: Das Ordal im alten Israel, ZAW 51, 1933, I. 121–140; II. 227–255
Puuko, A. F.: Der Feind in den alttestamentlichen Psalmen, OTS 8, 1950, 47–65
Quell, G.: Das kultische Problem der Psalmen, BWA(N)T NF 11, 1926
Rabinowitz, I. J.: Towards a Valid Theory of Biblical Hebrew Literature, The Classical Tradition, Literary and Historical Studies in Honor of H. Caplan, Hg. L. Wallach, Ithaca/New York 1966, 315–328
Rad, G. von: Das erste Buch Mose. Genesis, ATD 2/4, Göttingen 1958[5]
ders.: Erwägungen zu den Königspsalmen, ZAW 58, 1940/41, 216–222
ders.: Es ist noch eine Ruhe vorhanden dem Volke Gottes, ZdZ 11, 1933, 104–111 (auch: Ges. Stud.)

ders.: Das formgeschichtliche Problem des Hexateuch, BWA(N)T IV, 26, 1938 (auch: Ges. Stud.)

ders.: Das fünfte Buch Mose. Deuteronomium, ATD 8, Göttingen 1964

ders.: "Gerechtigkeit" und "Leben" in der Kultsprache der Psalmen, Bertholet-Festschrift, Tübingen 1950, 418–437 (Ges. Stud.)

ders.: Das judäische Königsritual, ThLZ 72, 1947, 211–216 (Ges. Stud.)

ders.: Die Levitische Predigt in den Büchern der Chronik, Festschr. O. Procksch, 1934, 113–124

ders.: Die Stadt auf dem Berge, EvTh 8, 1948/49, 439–447 (Ges. Stud.)

ders.: Theologie des Alten Testaments, Bd. I, München 1966[5], Bd. II, München 1965[4]

ders.: Zelt und Lade, NKZ 42, 1931, 476–498 (Ges. Stud.)

Rahlfs, A.: עָנִי und עָנָו in den Psalmen, Göttingen 1892

ders.: Psalmi cum Odis, Septuaginta Societatis Scientiarum Gottingensis auctoritate X, Göttingen 1931

Reventlow, H. Graf: Liturgie und prophetisches Ich bei Jeremia, Gütersloh 1963

Ridderbos, J.: Het bindend Karakter van het le Dawîd enz. in de Opschriften der Psalmen, GThT 52e Jaarg./Nr. 6, 1952, 184–192

ders.: Jahwäh Malak, VT 4, 1954, 87–93

Ringgren, H.: Einige Bemerkungen zum LXXIII Psalm, VT 3, 1953, 265–272

ders.: The Faith of the Psalmists, Philadelphia/London 1963

ders.: Israelitische Religion, Die Religionen der Menschheit 26, Stuttgart 1963

ders.: Sprüche, ATD 16, Göttingen 1967[2]

Robinson, H. W.: The religious ideas of the Old Testament, London 1956[2]

Robinson, T. W.: Die Zwölf Kleinen Propheten. Hosea–Micha, HAT I,14, Tübingen [2]1954

Rolla, A.: Templo de Jerusalén, Enc Bib 6, 1965, 908–918

Roth, W. M. W.: Numerical sayings in the Old Testament, VTS 13, Leiden 1965

Rothstein, J. W.: Grundzüge des hebräischen Rhythmus und seiner Formenbildung, Leipzig 1909

Rowley, H. H.: The Faith of Israel, London 1956

ders.: The Structure of Psalm XLII–XLIII, Bibl 21, 1940, 45–55

ders.: Worship in Ancient Israel, Its forms and meanings, London 1967

Rudolph, W.: Das Buch Ruth. Das Hohe Lied. Die Klagelieder, KAT 17,1–3, Gütersloh 1962

ders.: Der "Elohist" von Exodus bis Josua, BZAW 68, 1938, 85ff.

ders.: Hosea, KAT 13,1, Gütersloh 1966

ders.: Jeremia, HAT 12, Tübingen 1968[3]

ders.: Jesaja 24–27, Stuttgart 1933

Sabbe, M.: Das Geborgensein bei Gott, Col BG 7/1, 1961, 68–85

Sarna: The Psalm for the Sabbath Day Ps 92, JBL 81, 1962, 155–168

Sauer, G.: Erwägungen zum Alter der Psalmendichtung in Israel, ThZ 22, 1966, 81–95

Savignac, J. de: Théologie Pharaonique et Messianisme d'Israél, VT 7, 1957, 82–90

Schmidt, H.: Das Gebet der Angeklagten im AT, BZAW 49, Gießen 1928

ders.: Die großen Propheten, SAT II,2, Göttingen 1915

ders.: Grüße und Glückwünsche im Psalter, ThStKr 103, 1931, 141–150

ders.: Der heilige Fels in Jerusalem, Tübingen 1933

ders.: Die Psalmen, HAT I,15, Tübingen 1934

ders.: Die Thronfahrt Jahves, Tübingen 1927

ders.: Jahwe und die Kulttraditionen von Jerusalem, ZAW 67, 1955, 168–197

Schmidt, W.H.: Gott und Mensch in Ps 130, VT 16, 1966, 241–253

Schroeder, O.: Zu Psalm 19, ZAW 34, 1914, 69–70

Schult, H.: Der Debir im salomonischen Tempel, ZDPV 80, 1964, 46–54

Schulz, A.: Kritisches zum Psalter, ATA XII, 1, Münster 1932

Schwarzwäller, K.: Die Feinde des Individuums in den Psalmen, Diss. Hamburg 1963

Scroggie, W. G.: The Psalms, London 1948–51

Segert, S.: Vorarbeiten zur hebräischen Metrik, ArOr 21, 1953, 481–542

Sellin, E.: Alttestamentliche Theologie auf religionsgeschichtlicher Grundlage, T. 1/2, Leipzig 1933

ders.: : Rost, L.: Einleitung in das Alte Testament, Heidelberg 1959[9]

ders.: Wann wurde das Moselied Dt 32 gedichtet?, ZAW 43, 1925, 161–173

ders.: Das Zwölfprophetenbuch 1,2, KAT 12, Leipzig 1929/30[4]

Sievers, E.: Metrische Studien I,2, Leipzig 1901

Skehan, P.W.: A broken Acrostic and Psalm 9, CBQ 27, 1965, 1–5

ders.: A Fragment of the "Song of Moses", Deut. 32 from Qumran, BASOR 136, 1954, 12–15

ders.: The Structure of the Song of Moses in Deuteronomy Dt 32, 1–43, CBQ 13, 1951, 153–163

Snaith, N.H.: Hymns of the Temple (Ps 42/43; 44; 46; 50; 73), London 1951

ders.: Studies in the Psalter, London 1934

Snijders, L.A.: L'orientation du temple de Jerusalém, OTS 14, 1965, 214–234

Soden, W. von: Grundriß der akkadischen Grammatik, AnOr 33, Rom 1952

ders.: Sumerische und akkadische Hymnen und Gebete, Stuttgart/Zürich 1953

Stade, B.: Biblische Theologie des Alten Testaments I, Tübingen 1905

Staerk, W.: Lyrik, SAT, 1920[2]

ders.: Zur Kritik der Psalmenüberschriften, ZAW 12, 1892, 91–151

Stamm, J.J.: Erlösen und Vergeben im Alten Testament, Bern 1940

ders.: Ein Vierteljahrhundert Psalmenforschung, ThR 23, 1955, 1–68

ders.: Zum Psalmenkommentar von H.J. Kraus, EvTh 21/12, 1961, 576–581

Steuernagel, K.: Lehrbuch der Einleitung in das Alte Testament, Mit einem Anhang über die Apokryphen und Pseudopigraphen, Sammlung theolog. Lehrbücher, Tübingen 1912

Strobel, A.: Le Psaume XVIII, RB 57/2, 1950, 161–173

Stummer, F.: Sumerisch-akkadische Parallelen zum Aufbau alttestamentlicher Psalmen, Paderborn 1922

Sukenik, E.L.: Ozar hamegilloth hagenuzoth sche 'bijde ha'universitah ha'ibrith, 1/2, Jerusalem 1954

Szörényi, A.: Psalmen und Kult im AT, Budapest 1961

Torrey, Ch.C.: The Archetype of Psalms 14 and 53, JBL 46, 1927, 186–192

Tournay, N.H.: Le Psaume et les Bénédictions de Moise, RB 65, 1958, 181–213

Tourney, R.J.: Les Psaumes, Jer B, Paris 1955

Tsevat, M.: A Study of the Language of the Biblical Psalms, JBL Monograph Series 9, 1955, VIII, 1–153

Tur-Sinai, N.H.: The Literary Character of the Book of Psalms, OTS 8, 1950, 263–281

ders.: Note on Deuteronomy XXXII, 43, Tarbiz 24, 1954/55, 232 V

Vaux, R. de: Das Alte Testament und seine Lebensordnungen 1/2, Freiburg/Basel/Wien 1960–62

ders.: Les Livres de Samuel, Jer B, Paris 1961

Victor, P.: A Note on חק in the Old Testament, VT 16, 1966, 358–361

Volz, P.: Das Neujahrsfest Jahwes, Tübingen 1912

ders.: Der Prophet Jeremia, Tübingen 1930[3]

Vriezen, T.C.: Theologie des Alten Testaments in Grundzügen, Neukirchen 1956

Wallenstein, M.: Some Aspects of the Vocabulary and the Morphology of the Hymns of the Judean Scrolls, VT 7, 1957, 209–213

Walton, B.: Biblia Sacra Polyglotta, photomech. Nachdruck, T. 1–6, Graz 1963–65

Wanke, G.: Die Zionstheologie der Korachiten in ihrem traditionsgeschichtlichen Zusammenhang, BZAW 97, Berlin 1966

Weingreen, J.: The construct-genitive relation in Hebrew Syntax, VT 4, 1954, 50–59

Weiser, A.: Das Buch Jeremia, ATD 20/21, Göttingen 1966[5]

ders.: Das Buch der zwölf Kleinen Propheten I, ATD 24, Göttingen 1959[3]

ders.: Einleitung in das Alte Testament, Göttingen 1966[6]

ders.: Die Psalmen, ATD 14/15, Göttingen 1959[5]

ders.: Zur Frage nach den Beziehungen der Psalmen zum Kult. Die Darstellung der Theophanie in den Psalmen und im Festkult. Bertholet-Festschrift, Tübingen 1950, 513–531

Welch, A.C.: Deuteronomy, The Framework to the Code, 1932, 141–151

Wellhausen, J.: Bemerkungen zu den Psalmen, Skizzen und Vorarbeiten VI, Berlin 1899

ders.: The Book of Psalms, SBOT, Leipzig 1895

Westermann C.: Das Buch Jesaja, Kap. 40–66, ATD 19, Göttingen 1966

ders.: Das Loben Gottes in den Psalmen, Göttingen 1961[2]

ders.: Struktur und Geschichte der Klage im Alten Testament, ZAW 66, 1954, 44–80 (auch: Forschung am Alten Testament, 266–305)

ders.: Vergegenwärtigung der Geschichte in den Psalmen, Zwischenstation, Festschrift für K. Kupisch zum 60. Geburtstag, München 1963, 253–280 (auch: Forschung am Alten Testament, 306–335)

ders.: Zur Sammlung des Psalters, ThViat VIII, 1961/62, 278–284 (auch: Forschung am Alten Testament, 336–343)

Wette, W.M.L. de: Beytrag zur Charakteristik des Hebraismus, Daub und Creuzer, Studien III, Heidelberg 1807, 241–312

ders.: Commentar über die Psalmen, Heidelberg 1856[5]

Wevers, J.W.: A Study in the Form Criticism of Individual Complaints Psalms, VT 6, 1956, 80–96

Withley, C.F.: The Sources of the Gideon Stories, VT 7, 1957, 157–164

Widengren, G.: The Accadian and Hebrew Psalms of Lamentation as Religious Documents, Uppsala 1936

ders.: Sakrales Königtum im AT und im Judentum, Franz Delitzsch-Vorlesungen 1952, Stuttgart 1955

Wiegand, A.: Der Gottesname צור und seine Deutung in dem Sinne

Bildner und Schöpfer in der alten jüdischen Litteratur, ZAW 10, 1890, 85–96

Wiesenberg, E.: A note on mzh in Ps LXXV, 9, VT, IV, 1954, 434–439

Wildberger, H.: Die Völkerwallfahrt zum Zion, VT 7, 1957, 62–81

Winter, P.: Der Begriff der 'Söhne Gottes' im Moselied, ZAW 67, 1955, 40–48

Witzel, M.: Tamuz-Liturgien und Verwandtes, AnOr 10, Rom 1935

Wolff, H.W.: Hosea, BK zum Alten Testament XIV, Neukirchen 1965²

Wright, E.G.: The Lawsuit of God, A Form-Critical Study of Deuteronomy 32, Essays Muilenburg, 1962, 26–67

Würthwein, E.: Amos 5, 21–27, ThLZ 72, 1947, 143–152

Würthwein, E.: Elija at Horeb-Reflections on T Kings 19. 9–18, in: Proclamation and Presence (Davies-Festschrift), hg. J. J. Durham and J. R. Porter, S. 152–166

ders.: Erwägungen zu Psalm 139, ThLZ 81, 1956, 341–342

ders.: Erwägungen zu Psalm CXXXIX, VT 7, 1957, 164–182

ders.: Die Erzählung vom Gottesurteil auf dem Karmel, ZThK 59, 1962, 131–144

ders.: Der Ursprung der prophetischen Gerichtsrede, ZThK 49, 1952, 1–16

ders.: Zur Komposition von I Reg 22, 1–38, Rost-Festschrift, Berlin 1967, 245–254

Wutz, F.: Die Psalmen textkritisch untersucht, München 1925

Zimmerli, W.: Ezechiel, BK XIII, 4, Neukirchen 1957

Zimmermann, F.: The Text of Psalms in the Peshitta, JThS 41, 1940, 44–46

Zimmern, H.: Babylonische Hymnen und Gebete in Auswahl, AO 7,3, 1905; AO 13,1, 1911

Zirker, H.: Die Kultische Vergegenwärtigung der Vergangenheit in den Psalmen, BBB 20, Bonn 1964

Nachtrag

Nach Fertigstellung des Manuskriptes sind zwei wichtigere Untersuchungen zu den Psalmen erschienen, die Erwähnung finden sollten, obwohl sie keinen Anlaß zu einer Modifikation der in der vorliegenden Untersuchung herausgestellten Thesen geben: Die von formalen Gesichtspunkten bestimmte Arbeit Frank Crüsemanns, Studien zur Formgeschichte von Hymnus und Danklied in Israel, Neukirchen 1969 und die nach institutionellen Zusammenhängen fragende Monographie von Walter Beyerlin, Die Rettung der Bedrängten in den Feindpsalmen der Einzelnen auf institutionelle Zusammenhänge untersucht, Göttingen 1970.

Crüsemann beschäftigt sich in seiner Untersuchung, der es darum geht, dem Moment „der Uneinheitlichkeit und Vielschichtigkeit (... der) Formsprache" der Hymnen „in einer methodisch gesicherten Weise Recht zu verschaffen" (S. 9), mit zwei Gattungen individueller Gebete: dem Danklied des Einzelnen und dem Hymnus eines Einzelnen. Bei der Untersuchung der Danklieder des Einzelnen kommt er von der formalen Feststellung des „Reden(s) in zwei Richtungen" in diesen Psalmen zu der Bestimmung ihres normalen Sitzes im Leben im Toda-Opfer (S. 282f.): „Bei der Übereignung der Opfertiere an Jahwe wird dieser als der Retter direkt angeredet und der konkrete Anlaß des Opfers genannt. Vor einer zuhörenden Gruppe von Menschen wird von Not, Anrufung und Errettung im Er-Stil berichtet (S. 282). Ein Vergleich dieser im Grunde recht konventionellen und im Blick auf institutionelle Zusammenhänge doch wohl zu sparsamen These Crüsemanns mit den Thesen der vorliegenden Arbeit ist allein schon deshalb nicht möglich, weil sich praktisch keine Überschneidung in den untersuchten Psalmen ergibt. Ähnliches gilt für die Untersuchung und Bestimmung der Hymnen eines Einzelnen durch Crüsemann, für die er zwei Grundtypen herausgearbeitet, die hinter der jetzigen Formvielfalt stehen:

1. Ein Hymnus, der am Anfang „meist eine kohortative Introduktion, die von Jahwe in der 3. ps. redet", aufweist, in deren Zentrum „der Jahwe-anredende Bericht von dessen großen Taten in der Vergangenheit, der auf die Geschichtstraditionen Israels oder auf mythische Vorstellungen zurückgreift", vorherrscht, wobei sich dieser Bericht „mit rhetorischen Fragen, kurzen hymnischen Sätzen und gelegentlich mit formelhaften Partizipialprädikationen" verbindet. Ursprünglich lief dieser Hymnustyp nach Crüsemanns Auffassung auf eine Bitte bzw. Klage für den König zu (S. 305).

2. Ein Hymnus, der von Jahwe in der 3. ps. redet und dessen „hervorstechendes Formmerkmal ... die partizipiale Reihung" ist. Wegen der starken weisheitlich-didaktischen Momente der Psalmen, die diesen Hymnus repräsentieren, kommt Crüsemann zu der Annahme, daß diese Psalmen den Grundtyp, der im Dunkeln bleibt, nicht mehr rein repräsentieren (S. 305). Ein Vergleich der interessanten Beobachtungen Crüsemanns mit den Ergebnissen der vorliegenden Arbeit wäre nur dann möglich, wenn Crüsemann z.B. weitergehende Schlüsse aus der Behandlung des einzig gemeinsam behandelten PS 89, der Crüsemanns 1. Grundtyp repräsentiert, gezogen hätte.

Beyerlin, der nur die Psalmen einer Untersuchung unterzieht, die eindeutig durch die Feindbedrängung eines fraglos individuellen Beters charakterisiert sind (S. 11f.), bestimmt als institutionellen Haftpunkt für eine ganze Anzahl von Psalmen ein im Heiligtum stattfindendes Gottesgericht (S. 142), „eine Kasualinstitution ..., die unabhängig von den kalendarisch fixierten Kultfesten der Jahwegemeinde je nach Bedarf in Anspruch genommen werden konnte" (S. 149). Von den in der vorliegenden Arbeit untersuchten Psalmen weist Beyerlin erstaunlicherweise nur Ps 27 seinem Gottesgericht im Heiligtum zu (Ps 9/10; 59; 62; 94; 142 gelten als Psalmen mit Rettungsaussagen ohne Institutsbezug; zu Ps 9/10 z.B. bemerkt Beyerlin zu recht, daß der Beter eine Person ist, die „Jahwes Gericht generell den Geringen, Bedrückten und Weisen zugut herbei"-ruft- S. 21). Abgesehen von dem Nicht-gesichert-Sein der von Beyerlin postulierten Institution bleibt bei der Auslegung von Ps 27 die entscheidende Frage, die auch in der vorliegenden Arbeit gestellt und beantwortet wird, ob das sich in Ps 27 aussprechende Selbstbewußtsein das Selbstbewußtsein eines normalen Israeliten — auch wenn er sich in einer schwierigen Situation befindet — sein kann oder ob hier nicht eine Person spricht, die enger, und das heißt institutionell, mit dem Heiligtum verbunden ist?